超级网红，
这么玩才赚钱

余小华　王易　管鹏◎著

人民邮电出版社
北京

图书在版编目（CIP）数据

超级网红，这么玩才赚钱 / 余小华，王易，管鹏著
. -- 北京：人民邮电出版社，2017.2（2017.4重印）
ISBN 978-7-115-44739-5

Ⅰ. ①超… Ⅱ. ①余… ②王… ③管… Ⅲ. ①网络营
销—研究 Ⅳ. ①F713.365.2

中国版本图书馆CIP数据核字(2017)第008943号

内 容 提 要

"网红经济"日益发酵，成为资本市场"风口上的飞猪"。2016年，网红经济呈现爆发式增长。利用直播平台、移动社交工具和内容红利，众多网红涌现，通过多种商业模式将流量转化为销量，实现了网红变现。谁能成为网红，怎样成为网红；粉丝经济、网红经济、社群经济如何共同融合发展；如何构建超级IP，提升变现能力，这是更多个人和企业关注的现实问题。

本书从新媒体下粉丝经济、网红经济的发展趋势谈起，通过探讨社群经济下的网红模式、网红直播实战、网红电商运营实战、网红IP打造、"网红+粉丝+社群"的进化与融合、网红营销与推广、网红品牌打造及运营、网红引流策略等内容，向传统企业营销者、微商、社群电商、电商创业者等展现全方位的网红营销与运营方法，帮助读者快速找到网红经济的"命门"，打造超级IP，使营销效果倍增，为成功创业助力！

◆ 著　　　　余小华　王 易　管 鹏
　　责任编辑　李士振
　　责任印制　周昇亮

◆ 人民邮电出版社出版发行　　北京市丰台区成寿寺路 11 号
　　邮编　100164　电子邮件　315@ptpress.com.cn
　　网址　http://www.ptpress.com.cn
　　北京隆昌伟业印刷有限公司印刷

◆ 开本：700×1000　1/16
　　印张：16　　　　　　　　　2017 年 2 月第 1 版
　　字数：358 千字　　　　　　2017 年 4 月北京第 3 次印刷

定价：49.80 元
读者服务热线：(010)81055296　印装质量热线：(010)81055316
反盗版热线：(010)81055315
广告经营许可证：京东工商广字第 8052 号

一个网红抵得上一家企业的时代

从 2015 年开始，随着 papi 酱、同道大叔等人的快速崛起，网红越来越被人熟知。到了 2016 年，网红甚至成为了互联网最热的现象，几乎每个人、每个品牌都在讨论着这样的问题——

下一个网红会是谁？哪个品牌会借助网红的力量，成为全民新热点？

网红文化的大行其道，催生了网红经济的诞生。直播平台、移动社交工具和内容红利促使众多网红涌现，其通过多种商业模式将流量转化为销量，让网红经济模式成为了中国互联网的全新探索方向。尤其是超级大 IP 网红的出现，更让这个领域越来越受关注。"一个网红，抵得上一个企业"，已成为了行业的共同认知。

就连著名天使投资人徐小平也发出了这样的感慨："每一个创业者都应该成为网红，因为他们同样都是在打造品牌！如果你不具备成为网红的能力、潜力、魅力、影响力，那就不要创业了。因为创业创什么？品牌。"

那么，我们该如何成为网红？网红又有怎样的特点？我们能不能成为下一个网红，或者超级网红？又该如何借助网红的力量玩转网红经济？对于品牌来说，如何打造自己的网红？甚至，企业家能不能成为网红？

这些问题，困扰着每一个渴望进军网红世界的人。所以，这本《超级网红，这么玩才赚钱》在网红经济最为火热的时期重磅上线。本书从新媒体下粉丝经济、网红经济的发展趋势谈起，通过探讨社群经济下的网红模式、网红直播实战、网红电商运营实战、网红IP打造、"网红＋粉丝＋社群"的进化与融合、网红营销与推广、网红品牌打造及运营、网红引流策略等内容，向传统企业营销者、微商、社群电商、电商创业者等展现全方位的网红营销与运营方法，帮助读者快速找到网红经济的"命门"，打造超级IP，使营销效果倍增，为成功创业助力。

只要我们能够找到网红行业的"命门"，不管你是草根，还是创业者，下一个创造网红奇迹的人，也许就是你！

余小华

2016.12

Part 1 网红的 "爱" 与 "恨"

Part2 | 网红千面：如何做个更有光环的网红

Part 3 | 网红 + 直播 + 电商：网红电商运营的 8 大策略

Part4　网红 + 粉丝 + 社群：如何锻造网红产业链

Part5 | 场景化营销：网红如何营销与推广（一）

Part6 　场景化营销：网红如何营销与推广（二）

Part 7 | 品牌化战略：网红品牌的养成与变现

Part8 网红 IP：如何打造超级网红

Part 9 网红实战：五大网红的掘金之路

Part 1

网红的"爱"
与"恨"

　　网红的出现，给中国互联网带来了全新的变化，从成为网友的兴趣聚焦点，再到商业模式的革命，这都与网红有着直接的关系。那么，什么样的人能够成为网红？网红具有怎样鲜明的特点？想要成为网红，就必须了解网红的"前世""今生"与"未来"！

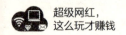
1.1
移动社交下的粉丝
经济与网红经济

1.1.1　移动社交带来的全新变化

2016 年 3 月 4 日，工信部发布最新数据：移动互联网用户 2016 年 1 月净增 1942.1 万户，同比增长 11.8%，总数达 9.8 亿户。

伴随着移动互联网的横空出世，如今，人们的生活习惯出现了天翻地覆的变化：几乎每一个人都越来越离不开智能手机。移动互联网的出现，甚至比 PC 带来的颠覆更大——我们可以摆脱计算机的束缚，无干扰地生活一个星期，却离不开手机，哪怕仅仅只是一天的时间。尤其是对于目前的社会主力军——70 后、80 后、90 后乃至 00 后，这批在为社会创造最大价值的群体，无一例外离不开智能手机。甚至，过去较为排斥新鲜事物的老年人，也越来越多地加入到了移动互联网的阵营之中。

2014 年，有人将这一年定义为"移动互联网元年"；而随着近两年的迅速发展，移动互联网进入了更为蓬勃的快速成长期。微博、微信等社交软件的广泛使用，以及传统媒体如新浪、搜狐、网易推出专属的手机 APP；再到各类移动互联网理财产品的不断涌现，移动互联网已经不再是单纯的工具，成为了融合社交、金融等功能的多方位大型平台，进入到了生活中的每一个角落。

这其中，移动社交更成为了移动互联网的核心所在，这从我们每天使用微博、微信、手机 QQ 的频次便可见一斑。而到了 2016 年，随着一批借助于移动社交平台诞生和爆红的网红的出现，一个全新的移动互联网名词就此诞生：网红经济。以下这些名字，相信我们都不陌生：papi 酱、同道大叔、咪蒙、张大奕……这些网红凭借着各自不同的特点，在移动社交平台上掀起了一轮又一轮的话题，创造出了让人咋舌的财富，就此彻底掀起"网红时代"的大幕。

2016 年 6 月，当张大奕的"淘宝直播秀"开播时，观看人数达到 41.3 万，点赞破百万，店铺上新成交量约 2000 万，客单价逼近 400 元，刷新淘宝直播的销量纪录。其影响力之大，甚至一举击败了目前炙手可热的明星柳岩！

为什么网红会在移动互联网时代呈现井喷之势？

首先，智能手机功能不断丰富，实现了拍照、视频、文字撰写、发布的需求，更智能的 VR 技术，将使人与人的距离进一步拉近。其次，移动社交产品的魅力进一步展现，通过小小的手机，即可实现全国乃至全球的信息交流，各大软件开发商不遗余力地对社交功能进行探索和尝试。例如视频直播和弹幕文化，是网红时代的最突出体现。最后，则是 4G 时代带来的高速上网体验和大流量包，让每个人都能够轻松借助移动数据展示自我、互动交流，如图 1-1 所示。

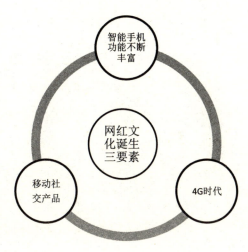

图 1-1 网红井喷的缘由

所以，当一个个网红出现在我们面前之时，我们会惊奇地发现：他们并没有走传统明星"选拔——包装——大规模推广"的道路，而是通过各类直播平台、社交平台的才华展示，实现了"网络红人"的发迹梦想！

1.1.2　网红经济的基础：粉丝经济

说到网红经济，不得不提到一个词：粉丝经济。粉丝经济较为官方的解释为：架构在粉丝和被关注者关系之上的经营性创收行为。例如，小米手机即是粉丝经济的杰出体现。

表面上看，小米仅仅只是一个品牌，它的核心产品即为小米手机；但它的成功，却是粉丝文化运营的结果。小米论坛的建立，让小米用户有了汇聚交流的场所，无论系统测试、产品建议、玩机指南等，任何一名小米用户都可以在其中找到自己的兴趣点和志同道合的朋友；其次，各种小米同城会、小米线下交流会，再到每年一度的大型"米粉节"，让小米创造出了独属于自己的产品文化，粉丝们通过不断互动交流，在形成"半熟社交"的同时，进一步对小米产生黏性。

小米的这些运营方式，过去的传统品牌闻所未闻，所以小米迅速拥有了自己的死忠粉丝，并将其命名为"米粉"。正是凭借着这些"米粉"，小米几乎没有实体店却创造出了中国智能手机销售的奇迹，并连续几年占据中国手机销售量排行榜的前三甲。

为粉丝创造"福利"，这是粉丝经济的核心特征。与传统的生产、推广、销售相比，粉丝经济从一开始就是以"用户为核心"——用户需要什么就生产什么，用户对哪里不满下一版本就快速调整，给予用户最高的"格调"。让用户拿到产品，有一种"我是特立独行的那一个"的心态之时，即便没有铺天盖地的广告宣传，品牌却依旧能被用户交口称赞，并收获大量忠实粉丝。

再看看网红经济，它同样也是通过这种方式进行变现的：通过粉丝的聚集，最终达到购买力的转换。所以那些优质的网红，无论活跃的平台是微博还是斗鱼，无一例外几乎都有专属的淘宝店或独立品牌。从本质上来说，粉丝经济与网红经济脱胎于同一体系，最终目的都是通过聚合人群实现变现。

1.1.3 回归"人本位"，网红经济更注重"情感"

网红经济的基础，在于粉丝经济；但与传统的粉丝经济相比，网红经济则更为深化，更回归"人"的要素。

什么是"人"？我们第一时间会想到这些关键词：情绪、活动、行为举止、七情六欲、悲欢离合……是的，这就是人！尽管小米一手创造出了最为典型的粉丝经济，但不可否认的是，小米无论如何营销，它的核心始终是产品：小米手机、小米路由器、小米手环……无论如何撰写文案，它的核心始终是冰冷的、机械化的，充满工业感的。

但网红经济却有着本质的不同。在很多人眼里，网红经济以一位年轻貌美的时尚达人为形象代表，以红人的品味和眼光为主导，进行选款和视觉推广，在社交媒体上聚集人气，依托庞大的粉丝群体进行定向营销，从而将粉丝转化为购买力。而在这个环节中，产品已经退至身后，最受瞩目的是网红本人。

网红自身的穿衣风格、网红的谈吐、网红与粉丝们进行互动时的种种表现，甚至网红生气时的模样，都会刺激到粉丝的消费欲望。网红在用"人"的特质，进行销售变现。

从这一点上来说，网红表面上销售的是产品，但其实却是自己的人格魅力。网红经济的本质，在于"人"。并且，这个"人"更具民间气质、更具草根精神。从粉丝经济到网红经济，新的模式表明："人本位"的理念得到强化，产品围绕着"人"的气质、文化、特点进行传播，"人"成为了新经济模式的重点。

所以，当进入 2015 年之后，我们看到了雷军、董明珠等著名企业家越来越频繁地出现在媒体上，在社交平台与粉丝的交流越来越频繁。因为这些企业家同样意识到了网红经济对于品牌的重要性，努力用人格魅力去吸引粉丝，而不再只是单纯依靠产品。正如著名天使投资人、新东方联合创始人徐小平所说："每一个创业者都应该成为网红，因为他们同样都是在打造品牌！如果你不具备成为网红的能力、潜力、魅力、影响力，那就不要创业了。因为创业创什么？

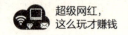
品牌。"

回归了"人"的本质，网红成为焦点，如果意识不到这一点，那么就很难借助网红经济实现变现的能力。我国目前有上万个网红，但多数是苦苦挣扎毫无变现实力的"伪网红"，始终没有透出"人的属性"。只有让粉丝感到温暖、感到快乐、感受到七情六欲，这才能彻底颠覆传统的营销模式。去看看 papi 酱的视频节目和微博，幽默、轻松、直击内心、切中热点、互动频繁……网红经济的核心思想就在其中。

1.2
网红是怎样"练"成的

越来越多的年轻人，渴望能够通过网红之路实现自己的人生价值，并如
papi 酱、张大奕等人一般轻松变现。然而，想要成为一名出色的网红，可不是
件简单的事情。很多人误以为：想要成为网红，只要有漂亮的脸蛋即可。姣好
的容貌当然可以为自己加分，但想要成为超级网红，背后需要付出更多的心血。

1.2.1　网红的三大特点

对于当前的中国网红来说，借助"直播视频"进行曝光是比较主流的方式。
同时，微博、微信公众平台、贴吧等社交平台的交叉互动，形成了网红曝光与
粉丝交流的主要模式。而通过对 papi 酱、张大奕等人的观察，我们不难发现
网红有如下三个特点，如图 1-2 所示。

1. 网红特质一：草根出身

网红不是明星，诸如刘德华、鹿晗等，尽管他们同样人气非常高，但与
我们所说的网红有着本质的不同。网红的特点，多数在于草根起步，在初期开
始尝试内容发布时，缺少大资金、专业团队的支持，之前也并没有获得过较大
的曝光量。换而言之，网红的成功，与明星相比商业化的运作少了很多。

几乎每一个网红，都有自身非常明显的"草根精神"。他们有的敢想敢说，
嬉笑怒骂，有的喜欢针对社会热点发表自己的意见，有人甚至甘愿扮丑，不怕出糗。

这种草根精神，贴合了当下互联网年轻网民的心态——解构人生，解构娱乐。

杜绝高高在上，回归到网民身边，这是网红的第一特质。

2. 网红特质二：精准粉丝

通常来说，网红多数都是某个领域的达人，所以，他们的粉丝与明星粉丝相比，显然更为精准。过去那种拥有"老中青三代粉丝"的现象，在网红时代少之又少，甚至不少网红在某个领域成为了最能吸金的人，但绝大多数普通人都对其一无所知。

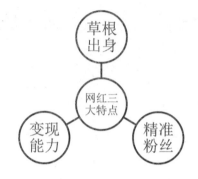

图 1-2　网红的三个特点

例如，papi酱的视频，透出了八卦、人生、娱乐、情感的态度，所以她的粉丝就集中在年轻、女性、互联网爱好者的身上；而对于主打科技、音乐和前卫文化的梁欢来说，他的粉丝通常集中于音乐爱好者、科技爱好者和那些前卫文化的簇拥者。

是否拥有精准的粉丝，这是衡量网红能否"及格"的门槛。倘若一个网红一直都无法建立起自己的精准粉丝群，那么就意味着这名网红不能生产出针对某个领域的精准内容。这样的网红，是没有太多价值的。

3. 网红特质三：变现能力

网红经济之所以能够被称为"经济"，就在于网红可以通过自身的影响力，实现粉丝变现。papi酱能够得到上亿元投资，这就是一次完美的变现；而梁欢通过音乐纪录片众筹模式，同样借助粉丝的力量（资金），完成了影片的制作，同样也是一种完美变现。

当然，对于二三线网红而言，他们很难如梁欢一般迅速实现高额变现，但同样可以通过淘宝等模式，实现变现目的。就像张大奕，她原本是一名瑞丽模特，在微博上非常活跃，经常会发布一些自己的照片、视频等，并且热衷于与网友互动，是不折不扣的网红代表。她结合自己的身份，经营淘宝女装店"吾欢喜的衣橱"，自己亲自上阵当模特，因此很受欢迎，淘宝店如今已达到双金皇冠的级别，如图1-3所示。

图1-3　张大奕的淘宝店铺

还有更多的网红，则会通过游戏代言、广告代言等模式，获得变现的模式与渠道。所以，一个不能成功变现的网红，不能称其为"网红"，充其量只是"网络明星"。即便如"国民老公"王思聪也是如此，倘若没有他的存在，那么熊猫TV不会吸引到众多会员。能否具有变现能力，决定了网红究竟是不是真的"红"。

1.2.2　网红的多样化属性

"网红三大宝，瞪眼嘟嘴剪刀手。"

这是网友对于网红的一句戏言，表现出了不少网友对于网红的态度：仅仅依

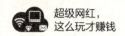
靠卖萌获得人气，肚子里没有真材实料。不可否认，绝大多数的网红依旧停留在卖萌、炫富的阶段，这种网红充其量只是"初级网红"，很难再创造更大的话题与更高的人气——单一的模式只会让人感到乏味，甚至被贴上"低俗"的标签。

而反观比较厉害的网红，如同道大叔、回忆专用小马甲等，他们却通过自身的才华获得了粉丝的认可。所以，如果不能打开视野，进行多样化发展，那么网红之路必然越走越窄。

下面的这些网红，早已摆脱了"瞪眼嘟嘴"的阶段，用自身的才华和多平台的运作，展现出了独特的人格魅力。只有这样的网红，才能真正走出一条属于自己的路。

1. 动漫网红

动漫类网红，主要的特点就在于二次元与三次元的结合，将现实赋予动漫化变革，从而创造出前所未有的互联网热点。这类网红对于互联网文化都非常熟悉，各种互联网名词信手拈来，尤其了解弹幕文化，成为了当下年轻人关注的焦点。这类网红，通常以 bilibili 视频弹幕网站、AcFun 弹幕网站为主要阵地，如知名动漫网红"橙心社"（见图 1-4）。

图 1-4　动漫网红"橙心社"的动漫主页

2. 时尚网红

对于多数网友来说，对时尚类网红的印象是最深刻的。这类网红，通常以美女为主，活跃在微博、微信、淘宝、斗鱼直播等平台，以姣好的面容配合各类才艺吸引粉丝。例如我们所熟知的张大奕，就是时尚网红的典型代表。就目前我国的网红趋势而言，这类网红是最具人气、最具变现能力的群体。如网名为"雪梨"的朱宸慧，截至 2015 年年底，其淘宝店铺的服装销售额就已超过两亿元人民币。未来，时尚类网红依旧会是我国网红领域的主力军。

3. "技术宅"网红

相比时尚网红，"技术宅"的特点更为突出，如同道大叔、回忆专用小马甲、留几手、耳帝等，都是这种类型的代表。技术宅网红主打的不是颜值，甚至很多人的真实样貌目前尚未曝光，但是他们会用自己非常专业的技能吸引粉丝关注。如同道大叔的星座漫画、留几手的搞笑微博（见图 1-5）等，都极具个人特色，多次引爆互联网热点。

图 1-5　网红留几手的搞笑微博

4. 其他类网红

网红的类型有很多，以上三种完全不能概括网红的多样化分类。细分下去，还会有新闻事件网红、生活网红、美妆网红等。但无一例外，网红都有一个明显的特点：善于利用移动互联网的各个细节，尤其是对于社交平台的应用。借助于各类社交平台，他们创造出了一个又一个互联网热点，吸引了数亿网民的目光。这种影响力，是传统明星都无法企及的！

未来的网红经济，必然会向更细分、更专业、更垂直的角度去发展，多维互动交叉是网红文化的核心。所以，想要成为一名网红，就必须关注网红的发展趋势，并结合自己的特点，找到最准确的定位和最适合的平台，无论动漫、宠物、音乐等，都将是网红展现自我的渠道。如果你还只停留在"卖萌"的阶段，那么未来的超级网红一定不是你！

1.2.3 没有才华，别当网红

同道大叔、回忆专用小马甲、耳机林 sir、耳帝……这些网红的出现，一举打破了我们对于网红"锥子脸、大长腿美女"的固有印象。网红，不仅有靠颜值的，更有靠才华的。颜值当然可以加分，但颜值并不是决定你能否成为顶级网红的关键所在。除了颜值，网红还得具备以下这几个特质。

1. 有独特的品位

所谓独特的品位，就是指能够给粉丝带来与众不同的美学。只能人云亦云，即便颜值再高，很快也会让人感到乏味。唯有将自己的独特美学不断输送给粉丝，让他们感受到惊喜，这样才能俘获粉丝的心。例如，耳帝的推送微博就具有很独特的品味，如图 1-6 所示。

耳帝 V 👍
10月28日 22:24 来自 分享按钮
妙趣横生！用上世纪40年代的爵士曲风来演绎Maroon5的经典《This Love》，这个时代的爵士已区别与摇摆时代的爵士乐，听起来节奏更快、更激烈，律动更为复杂，用这种方式来改编一首放克摇滚节奏的经典流行歌，听着有一股复古的俏皮味，让人恍然以为在看老动画片《猫和老鼠》…… 🔲耳帝的秒拍视频

图 1-6　耳帝推送的微博

2. 主张

网红文化之所以大行其道，就在于网红不同于之前任何一个时代的明星，他们够真实，敢想敢说，会尽情在社交媒体发布自己的主张。尽管这种主张有时候不免看似偏颇，但却塑造出了网红全新的形象，会给粉丝们带来很强烈的暗示：我的观点和他一样，我也是这样的人！

有主张的网红，才能散发出自己的个人魅力。

3. 有技能

敢想敢说、具有独特审美，让网红具备了吸引人气的资本；但若想更进一步，吸引更多人的长久关注，就必须有拿得出手的技能。在此，必须强调一点：所谓的技能，不是直播间里的搔首弄姿，而是真正可以让粉丝们有所感悟

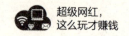
或收获的技能。

例如，梁欢虽然以音乐评论起家，但他同样有自己的音乐作品推出；耳机林 sir 会经常讨论音像界的话题，但他同时还会指导网友们进行 DIY 创造。即便是直播网红，也应该找到自己的真正技能，如乐器演奏、歌艺等，给粉丝们带来"干货"。用内涵来包装自己，用才华来吸引粉丝，就像 papi 酱一样，这样才能吸引更多的粉丝，受到资本市场的青睐！

1.3
网红为什么既招人爱
又招人"恨"

我们已经无法再去寻找，"网红"这个词到底从何时诞生、从哪个平台最早出现。但不可否认的是，从 2015 年开始，网红之风越刮越烈，papi 酱、张大奕、同道大叔、回忆专用小马甲、天才小熊猫……这些人牢牢占据了互联网的热点，尽管他们其中有的人总是"神龙见首不见尾"，但依旧创造出了全新的互联网文化和网红经济。

不可否认，网红在受到众人追捧的同时，却也有各种批评的声音不断传出。为什么网红会同时招人爱又招人恨呢？该如何扬长避短，让网红散发出积极的正能量呢？

1.3.1 网红为什么招人爱

很多人都很好奇，为什么网红会突然走俏？也许有的人会说：那是因为网红多是漂亮女孩，靠的是颜值！但是看看网红排行榜就会发现，事实上比较厉害的网红多数并非女性，像回忆小马甲、谷大白话、同道大叔、留几手等，更是很少直接曝光。所以，用"颜值"来定义网红，这显然有失偏颇。如图 1-7 所示，为易观智库发布的《2016 年 8 月中国网红排行榜 TOP50》（部分），从榜单中也不难看出，各大网红并不是只靠颜值。

排名	昵称	传播力	舆论影响力	变现力	总得分
1	papi酱	86.6	94.2	94.5	91.3
2	王尼玛	85.2	83.8	78.7	82.8
3	陆琪	86.4	80.2	77.0	81.7
4	占豪	86.2	84.2	71.6	81.2
5	MISS	74.6	76.0	92.9	80.5
6	关爱八卦成长协会	86.0	80.0	71.4	79.8
7	日食记	86.6	74.8	75.1	79.6
8	回忆专用小马甲	88.0	67.4	80.1	79.5
9	起小点	85.2	70.2	81.0	79.4
10	思想聚焦	89.0	72.4	71.6	78.8
11	同道大叔	88.4	69.2	74.8	78.6
12	罗永浩	83.8	85.4	62.8	78.0
13	小苍cany	85.2	67.8	77.1	77.5
14	咪蒙	72.8	83.4	75.1	76.7
15	陈翔	79.2	80.0	67.0	75.8

图 1-7　2016 年 8 月中国网红排行榜 TOP50（部分）

究竟是什么让网红一夜成名？才华二字才是关键。看看 papi 酱的视频，我们就会发现她并非主打颜值，而是通过各种充满趣味的表情包、针对热点的吐槽俘获网友的心。对于网友心理的精准把握和对当下热度的敏感，才是 papi 酱真正火爆的核心。

同样，再看看天才小熊猫、同道大叔、留几手的微博内容，不难发现他们分别在长微博、星座漫画、草根心态领域做到了极致，各种段子手到擒来，直接说出了网友们最真实的内心想法。他们创造的内容，多数可以直接表达当下的社会情绪，或轻松、或调侃，一下子就让网友们的情绪得到了释放。

即便贵为"国民老公"的王思聪，之所以可以登顶网红排行榜，不在于他是首富王健林的儿子，而是他主动加入互联网的浪潮，用自己的戏谑态度来看待人生，看待娱乐，因此被封为"娱乐圈纪委"。富二代有很多，比王思聪外形条件好的更是不计其数，但王思聪可以成为网红，就在于他敏锐的互联网思维。

所以，网红之所以受到网友们的追捧，就在于他们比明星更真实，同时才华横溢，可以用特有的方式说出自己的内心话。每一个网红，都代表着一个巨大的群体，成为这个群体的代表和发声器，所以他们自然能够招人爱！

1.3.2 网红为什么招人恨

"我真是不能理解，为什么这些网红居然受到了这么多人的喜欢！我也看过一些所谓网红的视频直播秀，不可否认那些女主播的确很漂亮，但是除了剪刀手卖萌，她们还会什么呢？就算唱歌，也是业余水准，根本不值得赞赏！让我觉得，网红就是恶趣味的代表，没有多少内涵！"

有多少人喜欢网红，就有多少人讨厌网红。而上面这段话，就来自于一名网友对于网红的评价。相信抱有这种观点的网友不在少数。为什么网红在创造着全新的互联网文化之时，在创造着全新的网红经济之时，却同样遭到铺天盖地的非议？

从大众网友的认知来看，网红行业因为发展极为迅速，也出现了各种参差不齐的情况。很多没有才华却渴望成名的年轻人，通过各种出格的行为来吸引大众眼球，并自称网红，让网红这个行业受到非议。再加上网红的入门门槛较低，网红的评价还没有一个标准，网红行业也出现一些良莠不齐的内容。

2016 年年初，一名女性为了所谓的知名度，在地铁上啃鸡爪，并将骨头吐了一地。当被其他乘客批评质疑时，她却没有丝毫悔改之意，与乘客发生激烈冲突。随后，她又接受多家媒体的采访，依旧不愿道歉，被众多网友口诛笔伐。

2016 年 9 月 22 日，湖北新闻媒体报道，一名网络直播红人一面开车一面"喊麦"，在高速路上飞驰。当交警将其拦停后，她反而表示不解，认为此时直播并没有问题。结果，该名网红遭到扣 2 分罚款

200 元的处罚。

类似的新闻，不时在互联网上出现。而像地铁上啃鸡爪的女性，本身并不是网红，但因为大众网友的热议，反而无形当中赋予了她类网红的身份。这样一来反而对网红行业造成了负面影响。2016 年年初，就有媒体曾经做过 2002 人的问卷调查，绝大部分受访者对"网红"的评价都是"博上位""骗子""庸俗"和"没有节操"等贬义字眼。这些都是当下无序的网红发展局面造成的。

在"网红"世界里，有通过恶意搞怪、夸大事实等方式来炒红自己的，也有通过不健康信息来博出位的，这都给网红行业带来了极差的影响。如果不根除这些问题，那么网红的发展必将走入死胡同。所以，对于网友的批评，这不仅是网红本人应当思考的问题，更是整个网红领域都必须反思的。

1.3.3　网红生存的基础：散发正能量

无数的事实表明，倘若网红不能主动规范自己的行为，依旧以"博出位"为首要目的，那么越来越多的网红将受到网友的排斥，甚至是相关部门的处罚。如斗鱼 TV 中一些言行不雅的主播，已经被公安机关立案侦查，就可以看到这种低俗之风是不可能长久的。

事实上，作为一种全新的互联网模式，网红应当以才华为根本，不断散发正能量，这样才能树立健康、正面的网红形象，被网友所关注和支持。

papi 酱的成功，在于可以将社会热点进行幽默化处理，让网友们会心一笑；

同道大叔的成功，在于可以将星座进行漫画展示，给网友带来好玩有趣的星座学知识；

谷大白话的成功，在于可以用自己的知识储备，让网友欣赏到一个个翻译精准、符合国人语言习惯的美国脱口秀节目。

真正成功的网红，无一例外都会注意自己的言行，尽可能散发出正能量，给网友带来积极的影响。这才是每一个渴望成为网红的人应当时刻谨记的。

而伴随着网红一同走俏的，还有各种视频直播平台和网红经纪公司，他们是网红行业的一部分。视频直播平台，必须加大对平台内网红言行规范的力度，一旦发现有不雅行为和不当言论，应当立刻封号，绝不姑息。同样，如雨后春笋般崛起的网红经纪公司，也必须在网红培训和运营的过程中，向网红传达正确的观念，使其依靠才华而不是炒作来实现成名的目的。

当然，除了网红行业本身的自我约束，相关部门也应当出台相关规定，规范网红行业的健康发展。同时，网友更应当及时举报网红的不良行为，用四位一体的模式，让网红行业真正健康发展起来，开创无尽的新空间！

1.4
团队营销为什么
爱上了网红

网红诞生伊始，就很快与经济挂钩，形成了全新的网红经济。而各大企业更是蜂拥而上，主动与网红"联姻"，形成了全新的企业营销模式。为什么企业营销会爱上网红？

1.4.1 全新的产品推介模式

传统的营销中，多数品牌都会采取展销会、电视购物这样的方式。例如小米，就会举办大型线下说明会，由雷军亲自压阵，推出当年全新产品。到了电商时代，团购同样也成为了主流的推介模式。但是，这种模式通常影响力较小，只能在小圈子或死忠粉群体中具备一定的效果，并且广告意味过重。即便到了依靠微信、微博等推介产品的"新媒体时代"，随着微信红利期的迅速度过，这种模式基本上也到了被淘汰的边缘。

而网红的出现，却极大改变了推介会过于单调和商业化的弊端，尤其是直播形式的推出，让网红成为了焦点，推介会成为了"人的场景"，如图1-8所示。人始终是最有温度的，通过网红的独特魅力，产品散发出了人文的关怀意味，所以越来越多的新品推介会，都会邀请大批网红到场，让他们通过视频直播的模式，将产品直接推送到粉丝的面前。

网红的独特魅力　　人文的关怀　视频直播　　　　人的场景

图1-8　人的场景塑造焦点

通过网红的视频直播，产品发布将会呈现多角度和多情绪的特征。例如，对于一款全新手机，A网红的特质是喜欢插科打诨，那么在直播室他就会用自黑、编段子的方式，将手机的特征传递给粉丝；而B网红的特征是严谨、细致，所以他会带来更专业的测评，让粉丝们了解到这款手机的特点到底是什么。

不同的网红，创造不同的网红文化。所以，产品信息会呈现交叉化病毒传播状态，很快使产品的各种细节得到大量曝光，这种传播力度是任何一种传播模式都不能比拟的。

1.4.2　让品牌形象得到广泛传播

哪些企业喜欢与网红联姻？毫无疑问，就是新晋品牌，尤其是化妆品、3C产品等与互联网结合最为密切的产业。除此之外，一批渴望进军中国市场的外国品牌，凭借着强大的市场分析能力，也很快发现了网红的价值所在，因此更为热衷网红。

新品牌借助网红的魅力，会迅速让品牌的形象得到全方位展示，给市场带来全新的活力。

2016年，美宝莲推出了全新产品，并将发布会直接放在上海举办。作为全球顶级化妆品品牌，美宝莲没有选择常规推广方式，只是单纯凭借明星效应进行传播，而是邀请50名网红来到现场进行直播，如

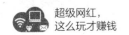
图 1-9 所示。一个小时的发布会上，腾讯直播在线观看人数突破 500 万人，美拍直播 8 万，熊猫 TV 直播 15 万。仅仅两个小时，美宝莲共售出了 10060 支口红新产品，创造出了销售奇迹。

这次成功，让越来越多的品牌意识到网红的力量。不可否认，美宝莲作为顶级化妆品品牌，推出的新品会得到市场的关注；但在化妆品行业早已进入红海的今天，它们同样需要用新思维让品牌形象得到广泛传播。所以，当这些已经具备了足够高人气的网红在发布会现场直播，亲自在粉丝面前试用新产品之时，美宝莲的产品概念得以更加精准传播。因为，关注这些网红的人，都是那些爱美人士。当看到喜欢的网红在使用美宝莲产品，并且第一时间进行真实展示之时，她们又怎么可能不对美宝莲产品产生兴趣，进行购买呢？

图 1-9　美宝莲发布会网红直播间

1.4.3　借助网红，让用户精准化

企业之所以选择网红，就在于网红背后的大量粉丝。这些粉丝，同样属于品牌的潜在用户。

在 papi 酱的背后，是一批关注时尚、关注互联网的粉丝；

在梁欢的背后，是一批热爱音乐、注重品质的粉丝；

在耳机林 sir 的背后，是一批设备发烧友，他们对硬件有着极致的追求；

在谷大白话的背后，是一批对英语有着无尽热爱，对美国文化充满向往的年轻人。

所以，对于品牌而言，找到了与自己契合的网红，就意味着让他们的粉丝转变成为了自己的粉丝！就像微博上火热的耳帝，很多音乐类节目都对他格外青睐。因为一旦他选择了传播，就意味着音乐爱好者会主动选择观看。

如图 1-10 所示，耳帝借助自己的社交平台，将天猫超级品牌日的活动直接推送到了粉丝面前，并引发了大量的转发；同时，品牌方为了让活动与网红气质相符，也会主动探寻相关的细节点，将音乐内容凸显，便于耳帝的传播。这种合作模式，告别了传统的代言，将广告气质剔除，网红凭借着自身的影响力将真正的干货带给了粉丝们。

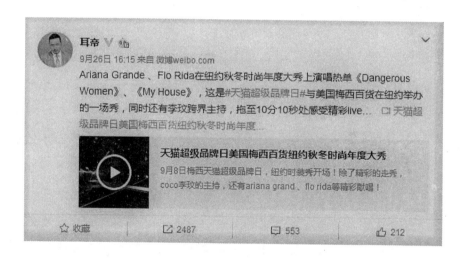

图 1-10　耳帝与天猫超级品牌日的合作

同样，这场活动还可以与张大奕合作。找到时尚的特质，张大奕的粉丝们就非常乐于接受；还可以与谷大白话合作，因为这场在美国举办的发布会，会有很多精彩的美式英语供粉丝们分享！

网红对企业的深层次意义，就在于网红成为了"市场分析指标"，通过对他们的粉丝数据捕捉，就可得知市场风向在哪里，市场热度在哪里，用户的

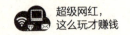
关注点在哪里。品牌与网红的形象越契合，这种大数据的捕捉就越精准。因此，未来的互联网经济，网红的影响力必然会进一步凸显，形成规模化与产业化。这些内容，我们将会在后面的章节中全面展开。

1.4.4 用分享的态度进行全新创业探索

网红的意义，不仅在于企业营销，更在于企业形象的重塑。尤其对于创新品牌来说，倘若创始人身为"网红"，那么他所创造出的企业文化是更为新颖和特别的，尤其是对分享理念的全新认知和利用，将会创造出全新的商业模式。

"立云在线"是一个全新的健康产业分享平台，而平台的创始人魏科杰，正是网红创业的代表。当年，魏克杰用自己朴实的态度和精益求精的理念，获得了人生的第一桶金，随后将钱捐给了家乡修路，一下子让他成为了互联网名人。正是因为这次尝试，让他意识到了"分享"的意义，所以建设了立云在线平台。与传统的健康平台不同，立云在线主打分享，强化供应链系统，直接让消费者通过分享直接获得利润，然后促进消费。这种全新的模式，受到了市场的一致关注，三九企业集团、马应龙药业、修正药业、傅氏秘灸、尚古集团等，都成为了品牌的合作方。

网红的诞生，就是对中国互联网的一次全新变革。所以，未来还会有更多网红加入到创业大军之中，而他们所带来的全新思路和营销方式，也将是中国商业史上前所未有的！

1.5
网红的机遇和挑战

网红的发展风起云涌，但即便到今天，它依旧是处于初级阶段，尚未形成真正的产业化和规范化。尽管网红界出现了 papi 酱的天价融资和张大奕的淘宝直播秀奇迹，但这只是前兆，真正火爆的春天尚未来临。在网红暗潮涌动的今天，网红面临着更多的机遇和挑战，只要把握住机会，那么下一个成功的人的也许就是你！

1.5.1 全面化：不管是精英还是草根

说到网红，我们第一时间就会想到"视频直播 APP"。的确，依靠着手机上网的便捷，视频直播 APP 已经成为主流应用，越来越多的年轻人加入到了"视频主播"的大军之中。可以说，几乎百分之七十的网红，都是在视频直播领域中诞生、发展的。

然而，互联网是一个非常庞大的体系，集中扎堆于视频直播间，恰恰证明了该行业尚未成熟，依旧停留在"靠脸吃饭"的初级阶段。而随着网友对网红的要求和表现日益挑剔，以及品牌对于网红的高素质要求，可以预见，未来的网红经济内容将会更为丰富，甚至直接结合培训体系，让网红产业更加高端化、精英化，"剪刀手、锥子脸"必然还会有市场，但将逐渐让位给"才华型、能力型、知识型"网红。

以"战争史研究 WHS"为代表的新一代网红，尽管目前人气还没有彻底

爆发，但在小圈子里已经收获了极高的人气，如图 1-11 所示。这类网红代表了未来网红的趋势：够精准、够精英，但态度却草根，不会沾沾自喜、洋洋自得。尽管他们很少在互联网上曝光真实形象，但凭借着才华让网友所折服。类似的网红还有"谷大白话"，他早已跻身超级网红的行列。

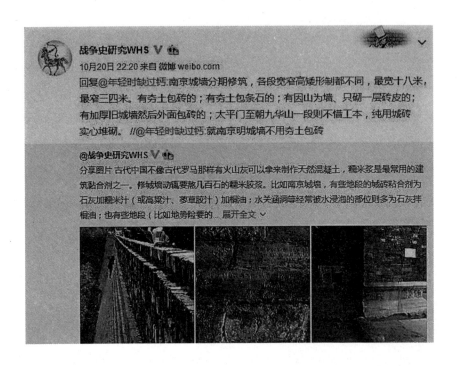

图 1-11　战争史研究 WHS 的微博

所以，对于多数人来说，只要拥有才华，可以不断制造、传播有价值的内容，那么就有跻身超级网红的机会。吉他、电子琴、文史、体育……相信未来的直播室，必然会诞生更多的内容板块，而不仅仅只是美女们的天下！

1.5.2　电商化：网红必然进行探索的蓝海领域

网红如何变现，这是几乎所有网红行业人士都在思考的问题。而最为成功的，毫无疑问就是张大奕。创造出淘宝直播销售纪录的张大奕，高居网红排行榜的一线阵容，她凭借着自身的人气和精准化运作，让自己的淘宝店铺成为了明星店铺。

网红电商化，这是张大奕给行业带来的启迪。而事实上，越来越多的网红都开始涉猎电商领域，以此拓展自己的变现渠道，更打开品牌传播、营销的新思路。就连以小视频出道，创造出融资纪录的papi酱，也开始尝试电商化的运作，如图1-12所示。

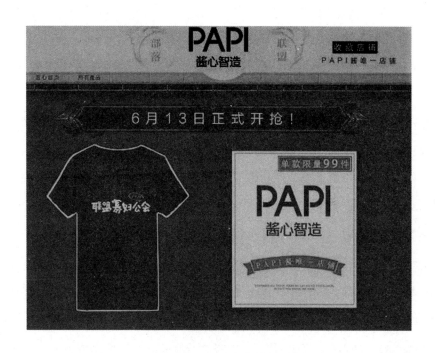

图1-12　papi酱的淘宝网店

一系列的电商化运作，预示着网红必然会进入电商网红的时代，进行商业化运作，实现变现的目的。

当然，张大奕的个人开网店模式，仅仅只是网红电商化的1.0版本。随着网红经济的探索越来越深入，未来电商网红将会形成更大的商业模式，直接接入资本运作平台。而一系列的融资新闻，表明这个蓝海行业开始受到了资本界

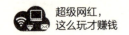
的关注。

2016 年，光线传媒以 1.3 亿元受让金华傲翔持有的浙江齐聚 36.38%
股权。转让完成后，公司将持有浙江齐聚 63.21% 股权成为其控股股东。
而浙江齐聚是国内互联网首个视频直播聚合商，旗下有"呱呱"视频社
区等产品，可见娱乐大鳄已经关注到网红对于电商发展的价值。

更早的阿里巴巴所上线的"淘宝直播"，涵盖母婴、美妆、潮搭
等领域，消费者可以通过淘宝直播频道、微淘频道直接收看内容，网
红文化的价值凸显；同时，华斯股份持股 30% 的微卖与新浪微博签订
战略合作协议，在红人的供应链打造与经纪业务方面进行布局。

尽管电商化网红尚未彻底爆发，但随着资本巨头的不断布局，新的业态
形式正在不断呈现。网红所创造的电商 2.0 时代，将会将重点放置于"人"的
这个角度之上，而产品，则成为塑造场景的必要道具。就像张大奕的品牌女装，
她不再只是模特，而是形象顾问，是场景组成。对张大奕有多了解，就会对她
的服装有多喜爱。

罗永浩的锤子手机也是如此。拿到锤子手机，我们首先想到的不是产品，
而是罗永浩的一系列标签：个性、独立、文艺。无形之中，我们会将这种对网
红的寄托，投放于锤子手机之上。这是网红电商对于传统电商的彻底颠覆——
人才是主导。把握住这个要素，那么网红的电商之路必然会越走越宽，甚至探
索出更多让人眼前一亮的商业模式。

1.5.3　个人与行业：网红之路面临的挑战

无论 papi 酱还是张大奕，当她们创造着一个又一个的网红神话时，不难
发现：团队化发展已经渐渐成为主流。有人负责活动的策划，有人负责脚本的

设计，有人负责服装的拍摄，有人负责活动的统计……对于个人网红来说，全方位的体系化、团队化运作已经成为主流。所以，如何创建一个属于自己的团队，这是网红必须面临的挑战。单枪匹马，很难再创造出更大的辉煌。

与此同时，持续化和多样化也将直接关系着"红多久"的核心问题，如图1-13所示。"做十五分钟的明星"很容易，但是如何维持热度？就像 papi 酱一样，必须定期上线新内容，才能一直赢得粉丝的关注；在此基础上，能否不断推陈出新，形成多样化发展的模式，是对网红含金量的极大考验。只有一夜的爆红，却不能形成持续输出，同时形象过于单一，这种网红不仅会让粉丝感到厌倦，

图 1-13　个人网红面临的挑战

还会引发品牌商的不满。所以，这三个环节，是个人网红必须面对的挑战。

个人网红将会面对这些挑战，而对于整体行业，同样压力颇大。尤其是对于网红经济来说，能否解决变现渠道有限的问题，直接决定了网红经济的未来发展走向。就目前来看，网红的变现渠道主要集中于品牌代言、产品推介等领域，还没有形成更广阔的变现模式。

还有一个关键问题，就是如何全行业行动起来，杜绝低俗信息的泛滥。不可否认，网红界时常爆出的各类负面新闻，大大影响了网红行业的整体形象，尤其是对于青少年的错误示范，更被广大家长所批评。单纯为了刷火箭、刷竹子，不惜做出出格的行为，这对于整个社会的危害非常大。所以，如何重塑网红行业的形象，是每一个网红从业人士都必须面临的现实问题。一旦受到所有人的抵制，那么网红行业即便目前看似一片光明，之后也无疑是死路一条！

Part ②

网红千面：如何做个更有光环的网红

　　为什么papi酱的每次视频更新，都会创造百万级的观看量？为什么留几手的人生歪评，总会得到上万的转发与留言？想要成为超级网红，就必须找到网红的"命门所在"。你适合成为哪一种类型的网红？这种网红的运营模式是什么？掌握了技巧，才能有的放矢地去努力！

2.1
自媒体网红：
如何靠才华征服粉丝

微博、微信的出现，让"自媒体"的概念火遍了互联网。所谓自媒体，即"个人媒体"，通过对身边新闻的捕捉和快速发布，吸引众多网友的关注。自媒体的出现，打破了传统媒体对于新闻发布的垄断性，依托便捷的移动互联网，任何人都可以为"媒体"，提供源源不断的新闻素材。并且，与传统媒体相比，自媒体的自我态度更为显著，敢于做出让人眼前一亮的评论。

正因为自媒体会创造出与主流媒体截然不同的语境，因此，自媒体网红也成为了网红领域中非常独特的一个群体。

2.1.1　有颜值，但偏用才华征服你

在网红界，自媒体网红显然是一个异类：不依靠外貌来取悦粉丝，也很少通过商业代言进行变现。他们最赖以为生的能力，就是自己的才华与思想。

简而言之，自媒体网红通常都有很好的文笔，知识储备丰富，绝大多数属于知识分子。也许，他们不一定会背诵《四书五经》，但非常擅长利用网络化的语言，说出绝大多数网友的心声。因此，自媒体网红多数都是媒体编辑、作家、专栏作者出身，甚至是相关学者。例如吴晓波，其吴晓波频道受众非常广泛，而他本身就是一名财经作家；再如咪蒙，也是文字编辑出身，因此写出的文字让很多读者喜欢，如图2-1所示。其撰写的文章，

标题极吸引人。

咪蒙 V

7月5日 11:18 来自 微博 weibo.com

鹿晗存在的意义就是：因为他干干净净地红，让人相信干干净净地红也是有可能的。因为他不虚伪不做作，让人相信不虚伪不做作也是可以成功的。 日 鹿晗对不起，擅自喜欢你

鹿晗对不起，擅自喜欢你

（鹿晗）（咪蒙撰写）"美而不自知，就是美的最高境界。"01鹿晗凭什么这么火？他的微博有2000多万粉丝。他的单条微博评论破亿。他的个人话题阅

发布者：咪蒙

图 2-1　咪蒙的自媒体专栏文章

　　开设专栏，用自己的世界观来阅读世界，并得出极具个人风格化的观点，这是自媒体网红成功的必备要素之一。可以说，倘若肚子里没有丝毫墨水，那么期望通过自媒体手段成为网红，这无异于天方夜谭。

　　除了吴晓波、咪蒙，还有诸如张嘉佳、罗振宇等，他们无一例外不是自媒体网红的代表，善于写作，善于拿捏文字，善于用文字来表达内心的感受，让读者看完后心有所触，产生共鸣，是他们的共同特点。

2.1.2　草根式 + 励志正向能量

　　尽管有人说：互联网文化是审丑文化，谁越"贱"，越出格才能越红。这种观点，仅仅只看到了网红的一个面，而没有意识到：绝大多数人，依旧喜欢正向能量。这一点从祝福、祈福类的微博、微信内容的巨大转发数量便可见

一斑。

　　所以，对于自媒体网红来说，搞怪、幽默、文笔过硬，这是吸引粉丝的主要途径，但对于正能量的传播，才能真正塑造出网红的正面形象，尤其是当网红出身于草根之时。

　　图 2-2 是张嘉佳发布的一篇文章，内容积极向上，给网友带来了非常大的触动和很多感悟，因此点赞数、评论数还有转发数都达到了非常高的量级。不要觉得：网友们只喜欢低俗的内容，尤其对于自媒体网红而言，他们的粉丝学识更高，希望能看到真正有营养、有价值、带有激励效果的文字。

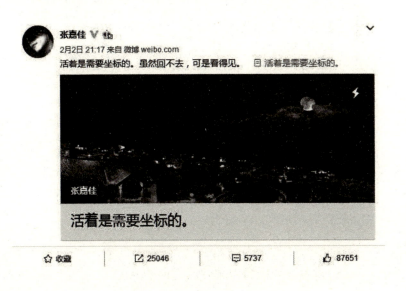

图 2-2　张嘉佳在自媒体频道发布的文章

- -

　　为何要在正向能量的基础上，特别强调草根化呢？因为只有出身草根，通过自己的努力获得了一定成就，并且这个过程是在粉丝们的陪伴下完成的，这样自身的信服度才会更高，与粉丝的关系才更为紧密，因此自然能更加打动人心。

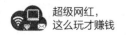
2.1.3　领域内独特的专业能力

对于自媒体类网红，无论依靠单纯的文字成名，还是在此基础上进军视频行业，无一例外，他们都有非常强的专业能力。唯有专业，所呈现的内容才能让人信服；唯有专业，才能让内容充满干货，而不是仅仅流于表面。

所以，尽管很多自媒体网红成名于网络，但在此之前，他们都在各自的领域做出了很好的成绩，甚至是专家。

张嘉佳大学毕业后担任过杂志主笔、电视编导等。2005 年，他出版首部长篇小说《几乎成了英雄》，2010 年，出版小说《情人书》。

吴晓波毕业于复旦大学新闻系，财经作家、"蓝狮子"财经图书出版人，曾任上海交通大学、暨南大学 EMBA 课程教授，常年从事公司研究。

咪蒙，文学硕士、专栏作者、媒体编辑，于韩寒杂志《独唱团》首期发表文章《好疼的金圣叹》，对历史有着很独特的见解和深入研究。

林建焕，中国大学生网络创业发起人。而在此之前，他运营女装网店，月营业六万多，月利润过万。

可以看到，这些在自媒体领域呼风唤雨的网红，无一例外不是各自领域的"达人"，具有非常强的专业能力。正因为如此，他们所呈现的内容也是言之有物、让人信服。一旦网红的专业能力匮乏，那么势必会走上一条恶意炒作的路，即便红了一段时间，很快也会被粉丝看透本质，人气迅速流失。

2.1.4　组建社群，以个人魅力放大影响力

正因为自媒体网红具有很高的文学修养，同时在专业领域也有超群的能力，因此积极引导粉丝，对他们进行励志式的培训，成为了自媒体网红与粉丝

交流的主要手段。一旦粉丝数量达到了一定档次，此时进行图书出版，会让他们的影响力进一步扩张，从线下辐射至线上。即便之前对他并不了解的人，也有可能因为从书店里捧起了他的著作，从而转化成为他的粉丝。

无论咪蒙还是张嘉佳，他们所出版的作品，从书名上即可感受到非常浓郁的励志情怀，温暖读者的心。所以，粉丝们自然愿意主动翻阅。但如果他们的作品仅仅只是八卦内容，那么粉丝必然会对其知识能力打上大大的问号。更不要说如吴晓波这样的专业财经达人，他们的作品会更加具有深度，上升至经济、文化的高度，因此更具吸引力和启发性。

带有励志化倾向的作品，让自媒体类网红形象更为饱满；同时，这些作品也会系统地呈现出作者的精神世界，因此更受粉丝的欢迎。归根到底，对于自媒体网红来说，知识储备、专业技能水准、文笔……这些构成了他们能够成功的核心要素。

2.2

直播网红：除了颜值，
拿什么来留住你的粉丝

2016 年 6 月，《网红经济白皮书》正式发布。这份白皮书显示：视频直播，成为了网红火爆于网络的第一平台。视频类网红在大陆超过 100 万名，其中 82.5% 都是美女。同时，艾美咨询也发布数据：2015 年中国境内线上直播平台数量接近 200 家，网络直播的市场规模约为人民币 90 亿元，直播平台用户数量达 2 亿人。

不可否认，当我们说到网红之时，首先必然会想到一个个视频直播平台：斗鱼、战旗、熊猫 TV、花椒直播……几乎所有耳熟能详的网红，都会在某个平台或数个直播平台活跃。

可以说，在各种类型的网红之中，视频直播类网红的数量显然是最为庞大的。然而，很多人却又对视频直播网红有着非常强烈的负面印象："除了漂亮的脸庞，什么都没有！有时候还会打色情擦边球。这种网红，不看也罢！"

"看脸文化"是视频直播类网红一个突出的特点。只要拥有较高的颜值，那么就很容易吸引到网友的关注。

但是，想要从数以百万计的视频直播网红中脱颖而出，仅仅依靠颜值，就可以"笑傲江湖"了吗？"再甜美的蛋糕，也不会有人愿意天天吃"，想要不断吸引粉丝的关注，视频主播网红同样也要提升内涵，让自己的个性更加鲜明。否则，一个"花瓶"很快就会被网友们所遗忘。

2.2.1　直播网红入门：个性十足，打动粉丝

斗鱼、熊猫 TV、战旗……说到直播网红，我们必然会想到这些全新的视频平台。与传统视频网站相比，这些视频平台的特点显然更加突出。

1. 更具移动互联网气质

不仅用户可以通过手机观看，直播网红也可以通过手机进行直播，彻底打破了传统视频网站过于依赖 PC 端的弊端，实现了人人直播、时时直播的效果。

2. 实时画面，实时互动

新型的视频直播网站，主打的就是"实时画面、实时互动"。虽然有直播回放的功能，但粉丝想要与网红进行直接的交流，那么唯一的方法就是在网红直播时及时上线进行互动，看回放无法实现互动。

3. "弹幕文化"的诞生

传统视频直播模式非常单调，仅仅只是主播打开摄像头，自言自语，粉丝进行观赏。但新型视频直播却有了"弹幕"的模式，让网友的评价直接显示在显示屏之上，无论主播还是其他网友都可以第一时间看到。这样，网友与网红之间的距离进一步拉近，同时形成了全新的弹幕文化。

正是因为视频直播的全新变化，对直播网红提出了更高的要求：个性鲜明，能够刷出自己的存在感。主播网红必须不断关注网友发布的信息，然后对直播内容进行时时调整，并回答网友的问题等。

所以，当粉丝登录斗鱼或战旗时，发现人气最高的那些主播，无一例外都是个性鲜明，能够积极与粉丝进行互动、插科打诨，而不是像电视新闻主播一般不苟言笑。"鲜明的个性"，这是视频直播主播的生存基础。网红必须发挥自己的特长与粉丝进行互动。倘若声音甜美，不妨开场前和大家一起开开玩

笑；直播内容较为专业，那么不妨用轻松的语气，通俗易懂的词语让粉丝们能有兴趣。同时，主播还必须时时关注网友发送的弹幕信息，择选有趣的提问进行回答，从而点燃直播室的热情。

2.2.2　直播网红的基础：嬉笑怒骂才能成为网红

如果说自媒体网红通过才华吸粉，他们的优势主要在于文笔等，那么视频直播网红的特点，则在于语言技巧——嬉笑怒骂，这是视频直播网红必须拥有的技能。只有将自己的七情六欲真实地呈现于粉丝面前，这样才能立刻打动粉丝们的心。

甚至，有的时候，"发火"也会产生截然不同的效果。

小C是某视频直播平台的当红主播，她年轻漂亮，受到了很多网友的关注。不过久而久之，也有一些网友会发一些污言秽语的弹幕，导致直播间的氛围有时不免尴尬。

又一次，小C又遇到了这种场景，不免内心非常生气。她再也无法忍耐了，突然中断直播，说道："我不明白，为什么总有几个人在这里不停地攻击我？难道你们不懂得什么叫做礼貌吗？难道是我做错了什么，让你感到如此地痛苦？既然痛苦，又为何来到我这里自寻烦恼？这里是我和朋友们交流的地方，而不是让你们胡说八道的地方！"

顿时，小C的这种态度，赢得了几乎所有粉丝们的掌声。在所有人的一致抗议下，那几个恶意刷屏的网友也不得不选择了退出直播间。而小C的这次"开炮"，让自己的名气更加提升，很多人都喜欢上了这个敢想敢说的小姑娘。

移动互联网时代的直播平台，所需要的就是"真实、激烈、毫不拖泥带水"。

直播网红的类型有很多，游戏类、评论类、才艺类等，但无论哪一种，都得让自己直接暴露在网友们的视线之下；而网友之所以喜欢斗鱼、战旗这样的平台，就在于可以感受到网红最真实的一面。所以无论哪一个平台，能够聚集高人气的主播，都是嬉笑怒骂的达人，很善于表达自己的情绪，并直接感染粉丝。

例如，当自己生日时，那么不妨精心打扮，用快乐的情绪与粉丝交流；而当粉丝或许是因为失恋而情绪失落之时，网红应当及时送上自己的安慰，甚至唱一首歌；当看到某些网友语言过激之时，及时站出来严厉制止，让粉丝感受到自己的正能量……

嬉笑怒骂，才能呈现自身的多变，才能呈现出真实的自我。学会表达情绪，这是视频直播网红的必修课。当然，这种表达应当是有底线的：不恶意攻击他人、不满口脏话、不开不恰当的玩笑、玩笑要适度不可伤害粉丝自尊……嬉笑怒骂不是肆意妄为，如果被网友贴上"素质低、不懂礼貌"的标签，必然会影响到自己的人气。

2.2.3　直播网红的晋升：才华打动粉丝而变现

漂亮的脸蛋，可以让你赢得关注；

但花瓶般的人生，注定会让人悲哀。

这是娱乐圈的一句话，同样适用于直播网红圈：颜值可以给粉丝带来极佳的视觉体验，嬉笑怒骂能够展现出最真实的自我，但是这还不够，倘若没有才华的支撑，那么同样很容易沦为"花瓶"。

网红最容易受到关注的一点，就是有才艺。例如斗鱼、熊猫 TV 中，有一批网红通过吉他教学、舞蹈教学等，与粉丝进行更为亲密的互动。尽管可能与游戏类主播相比，这类网红的人气并不一定是最高的，但是他们的粉丝却是最忠心的：粉丝感受到了网红更多的特质，并且从中同样学习到了相关知识，

因此他们会非常留意网红的动态，通常提前进入直播室，等待直播开始。

才华型直播网红，很容易形成独具个人气质的标签，并且内容呈现系列化，如"XXX 钢琴 12 课"等。精准的内容，给粉丝带来了源源不断的知识，这是其他网红所不能比拟的。因此，他们的粉丝更为忠心，并会逐渐形成社群文化。

一旦直播网红从一个人晋升为一个"品牌"，那么全新的文化体系就会呈现，并且进一步拓展引流渠道和品牌代言等。例如一名优秀的钢琴直播网红，必然会受到钢琴品牌的关注，渴望其成为自己的直播代言人；善于美妆技巧的网红，很容易被美妆品牌关注，借助品牌的力量打造"时尚化妆课程"，潜移默化中将品牌传播给所有粉丝。因此，拥有才华的直播网红，才是最具变现能力的。将产品融入自己的直播过程中，而不是单纯地广告发布，这才是品牌最乐于看到的。

提升自身的才华，是每个直播网红的必修课。

2.2.4　直播网红的未来：VR 时代即将到来

随着 VR 眼镜的不断走俏，大众 VR 虚拟技术已经不再陌生，它开始变得越来越受欢迎。VR 电影、VR 试穿，VR 标志着一个新的时代即将到来，充满科技感和立体感的全新体验给人们带来了全新的视觉思维。

而这股潮流，很快也将进入视频直播领域。

2016 年 5 月，国内 VR 直播正式上线，蚁视与花椒直播联合开展了 VR 直播平台的活动。就在 6 月，eDoctor 翼多公司就在上海国际会议中心直播 VR 手术。

有不少业界人士兴奋地表示："VR 直播将会是网红领域的下一片蓝海！"凭借着快速升级的硬件，VR 直播所打造的"全景直播"已经受到了各个平台的关注。尤其是花椒直播，更是开始寻找 VR 直播的生态模式。

未来的视频主播，给粉丝们带来的福利会更加直接，更加让粉丝们兴奋，因此就连女明星柳岩也第一时间以"网红主播"的身份，高调进入花椒的 VR 直播平台。

图 2-3 是 Nicolas 公司推出的 VR 视频摄像头，它操作便捷，可以多角度捕捉主播的细节，标志着 VR 直播的硬件技术已经日趋成熟。

虚拟的视觉影像中，粉丝与主播的距离更为接近，彼此更加亲密，甚至主播会给粉丝送上一个"吻"，而不再只是单纯的一颗虚拟红心！所以，尽管目前 VR 直播尚在酝酿时期，但可以预见：未来的视频直播领域中，VR 直播网红将有可能占据备受瞩目的位置！

图 2-3　Nicolas 公司推出的 VR 视频摄像头

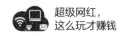
2.3
淘品牌网红：
成为最懂粉丝、最懂时尚的大咖

张大奕，这是我国网红界的一个标志性人物。她不像papi酱一般，通过极具社会热点的视频节目影响粉丝，也不像同道大叔等人一般热衷于用漫画技能创造热度，而是凭借着自己的淘宝店铺，不断创造网红界的奇迹。

张大奕的出现，直接创造了网红界的一个新分类——淘品牌网红。与其他类型的网红相比，淘品牌网红显然更具变现能力：粉丝对网红的热爱，直接通过购买来表现。尤其是对于张大奕这样的网红来说，已经不再是接代言、当品牌模特，而是打造出自己的品牌店铺，变现渠道更为直接！

所以，越来越多的年轻人，渴望如张大奕一般，成为一名优秀的淘品牌网红。不过，正是因为淘品牌网红的变现更为便捷，所以它的要求也就更高。

2.3.1 自带天然"时尚属性"

大长腿、白皙皮肤、姣好面容、懂得穿衣搭配……

说到淘品牌网红，我们会立刻联想到这些关键词。身为淘品牌网红，最重要的工作就是给粉丝群体带来时尚新概念与新风尚，所以，网红本人自然就是时尚代名词，带有天然"时尚属性"。就像张大奕，翻开她的微博，不难发现，各种充满时尚气质的自拍照成为了微博内容的主要组成部分。尤其是当她身着自创品牌衣服出镜之时，从服饰搭配到妆容再到照片本身，都尽显时尚风格，可谓非常抢眼。

张大奕深谙时尚之道，简单的搭配，灿烂的笑容，还有颇具专业水准的拍照，都让她的形象使人眼前一亮。所以，那些关注她的粉丝，当然会去她的店铺内购买。——"她可以引领时尚，为什么我不能？"这是绝大多数粉丝的心态。

而看看张大奕的履历，不难发现其实她一直都行走在时尚界。

张大奕作为模特出道，淘宝素颜大赛第一名得主。除了《瑞丽》之外，她还时常出现在《米娜》《昕薇》等时尚杂志的内页服装搭配中。

张大奕曾经说过这样一句话："模特生涯其实对现在的生活并没有直接影响，我只是一个上新时会刷屏的小小私服缔造者。"然而，正是因为模特的生活，让她了解到了时尚的穿衣风格、时尚的拍照技巧，因此她发布的内容，始终都是最夺人眼球的。

所以，要想成为淘品牌网红，第一个原则就是：自己足够时尚，足够潮流。在这个"无图无真相"的时代，倘若你的出镜总是带着"土气"，那么又怎么可能引导粉丝产生购买欲望？

2.3.2　将时尚的理念传递给粉丝

不少网友曾经这样评价张大奕："她看起来并不是那种让人过目不忘的美女，但却总是让人感觉很舒服，很有一种明星的感觉！"

不是明星，却胜似明星，这是淘品牌网红的突出表现之一。与张琪格齐名、同为淘品牌网红代表的"呛口小辣椒"姐妹俩，同样也是这方面的典范，这类淘品牌网红都非常具备"明星气质"。与此同时，她们还有一个更突出的特质：能够将时尚的理念传递给粉丝。她们出镜的衣服，都可以在淘宝店第一时间购买到；同时，还会专门撰写文章，教授粉丝如何打造时尚气质。甚至，她们还

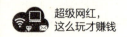
会提供"一对一"的增值服务，指导铁杆粉丝如何打扮自己。这是传统的明星绝不可能企及的。因此，她们创造出了一个全新的场景：主动去学习时尚的理念，那么你也会很美！

淘品牌网红很懂粉丝的心，所以她们推出的产品，多数普通人都适合，而不是纯粹的 T 台风格。再通过她们本身对于时尚的理解，因此一套看起来似乎平淡无奇的套装，却能呈现出最好的时尚姿态。而这种时尚理念，恰恰是多数普通人都不了解的。所以，通过与网红的不断互动，普通粉丝也会逐渐形成自己的审美理念："原来这样穿，就能凸显出我娇柔的气质，还能掩盖我的缺点！"

立志于成为淘品牌网红的网友，必须学会这样的基础技能，如图 2-4 所示。

要立足时尚，传播时尚，成为最懂粉丝的人，这是淘品牌网红成为焦点的关键。要给粉丝带来精准的建议，而不是单纯的自拍；站在时尚的前沿，与粉丝分享更具潮流的话题，这样才能与粉丝形成更好的互动，从而让变现能力得到全方位拓展。正如淘宝红人店店主陈小颖所说："我从 2014 年开了自己的网店，自己设计衣服，同时也为自己店里做模特，

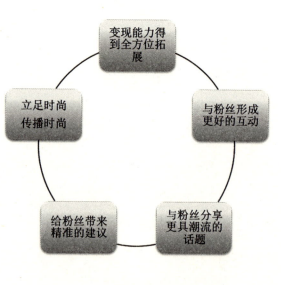

图 2-4　淘品牌网红的时尚传播

到世界各地拍摄自己设计的服装。在这个领域，未来拼的是设计，只有设计足够时尚，能够牢牢紧跟潮流，这样才能真正让粉丝们感到品牌的影响力。未来，提升设计感，对时尚有更精准的把控，这是我们的追求的目标。"

2.3.3 拒绝"冷漠脸"，与粉丝进行热情互动

淘品牌网红，是网友心中最标准的"网红形象"：锥子脸、大长腿、大眼睛、嘟嘟嘴。所以，很多淘品牌网红不免会给部分网友留下负面的印象，认为其不过是空有脸蛋的花瓶角色。

那么，如何扭转网友们的这种印象，将原本看轻自己的网友发展成粉丝？唯一的方法，就是放下身段，拒绝高高在上，与粉丝进行热情互动。正如前文中所说的"将时尚的理念传递给粉丝"，就是一种积极的互动姿态。无论哪一类网红，都必须展现出自己的才华——直播网红的才艺，自媒体网红的思维，淘品牌网红的时尚理念，这都是才华的范畴。

唯有给网友带来源源不断的正面价值，才能打消网友的负面看法。

当然，与粉丝进行热情互动，一方面是为了让粉丝摘掉"有色眼镜"；另一方面，则是为了进一步拓展变现渠道。

张大奕、呛口小辣椒等淘品牌网红，很少参加淘宝的各种付费活动，如直通车或竞价排名，却依旧能够获得很高的关注度。最重要的原因，在于她们放弃了这种成本极高、转换效率较低的推广模式，而是采取"社交媒体互动交流"的模式，与粉丝进行互动，并渐渐形成了自己的社群文化。

如张大奕这样的淘品牌网红，每天的主要时间，都用来经营和回复粉丝们的留言，用高频次的互动来消除和粉丝之间的距离，建立信任感。这种模式，显然更具有"人性"，更加体现出"人情味"，也更具情怀。当自己的形象愈发饱满，粉丝的热情就愈发高涨。这就是为什么，阿里巴巴会高调入股新浪微博。打通电商平台与社交平台的桥梁，让网红可以在微博与粉丝互动的同时，直接进行销售变现，因为"电商＋社群"的模式，成为了淘品牌网红发展的必经渠道。

对于淘品牌网红而言，社群建设是必经之路，只有让粉丝感受到网红本人的特质，才能形成真正的变现渠道。否则，即便你的外形很时尚，但从来不与粉丝做任何互动交流，那么就无法形成高效的粉丝经济！

2.4
草根式网红：
越接地气才越受欢迎

如图 2-5 所示，为 2016 年双 11 前夕，网络大数据分析机构"标准排名"发布的"2016 中国网红商业价值榜"榜单（部分），我们可以看到，高晓松、贾跃亭、王思聪、小 P 老师、回忆专用小马甲等都是近年来最火热的互联网人物。

标准排名·2016 中国网红商业价值榜

排名	网名	类别	传播力	产品化	产品信息曝光率	综合指数
1	高晓松	脱口秀主持人	50	3	0.65	53.65
2	贾跃亭	乐视控股 CEO	19.09	30	1.9	50.99
3	王思聪	万达董事	26.96	3	20	49.96
4	小 P 老师	造型师、自媒体	46.1	3	0.56	49.66
5	回忆专用小马甲	人气博主	35.32	3	7.56	45.88
6	南派三叔	网络作家	14.96	9	19.01	42.97
7	papi 酱	自媒体	25.56	6	10.28	41.84
8	陆琪	作家、自媒体	33.96	6	0.36	40.32
9	张嘉佳	作家	13.92	15	10.98	39.9
10	薛之谦	歌手	32.7	3	3.89	39.59

图 2-5　2016 中国网红商业价值榜（部分）

细细观察后我们会发现：榜单上这些名列前茅的网红们，都具有"草根气质不足"的特点——尤其是高晓松，很显然与多数人想象的网红有着本质不同。即便如张大奕，虽然她成名于互联网，但此之前已经是知名模特，所以并不能称之为"草根"。

网红时代尽管发展得轰轰烈烈，但不可否认，"先天带有光环"的打卡，还是赢得了更多的关注，更容易吸引大流量，更容易形成变现渠道。

那么这是不是说，真正的草根一族就无法跻身网红一族？当然不是！草根想要从网红领域脱颖而出，就必须比大咖们付出更多，尤其是在接地气上，必须做到更加极致、更加夸张。就像艾克里里、回忆专用小马甲，他们就是草根崛起的网红代表。

2.4.1 卖萌耍宝讲段子：草根网红的必杀技

熟悉新浪微博的人，一定会对一个 ID 毫不陌生：留几手。这位点评网友外貌的知名博主，凭借着犀利的语言吸引了大量网友的关注；而此后，他也会撰写各种情感长文（见图 2-6），并用极具互联网化的幽默笔锋，让粉丝群体进一步扩张。可以说，留几手创造了社交平台的一个奇迹——用卖萌耍宝讲段子的模式，创造出了网红新模式。

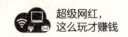

 留几手 ✔

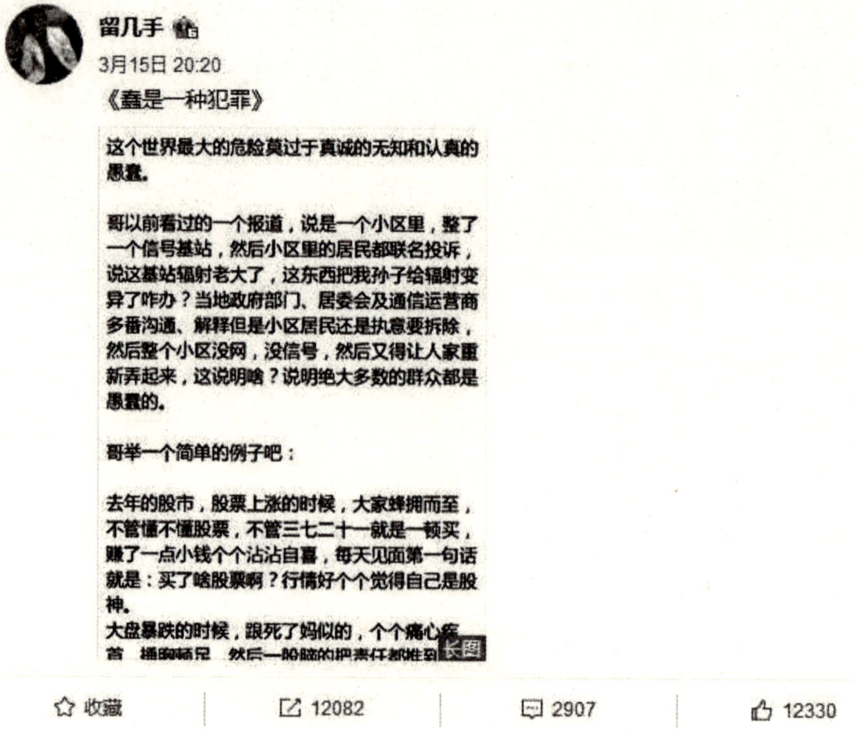

3月15日 20:20

《蠢是一种犯罪》

这个世界最大的危险莫过于真诚的无知和认真的愚蠢。

哥以前看过的一个报道，说是一个小区里，整了一个信号基站，然后小区里的居民都联名投诉，说这基站辐射老大了，这东西把我孙子给辐射变异了咋办？当地政府部门、居委会及通信运营商多番沟通、解释但是小区居民还是执意要拆除，然后整个小区没网，没信号，然后又得让人家重新弄起来，这说明啥？说明绝大多数的群众都是愚蠢的。

哥举一个简单的例子吧：

去年的股市，股票上涨的时候，大家蜂拥而至，不管懂不懂股票，不管三七二十一就是一顿买，赚了一点小钱个个沾沾自喜，每天见面第一句话就是：买了啥股票啊？行情好个个觉得自己是股神。
大盘暴跌的时候，跟死了妈似的，个个痛心疾首，捶胸顿足，然后一股脑的怨责任都推到

☆ 收藏　　｜　　↗ 12082　　｜　　💬 2907　　｜　　👍 12330

图 2-6　留几手的微博截图

留几手是谁？不知道；留几手长什么样子？不知道；留几手到底几岁，不知道。可以说，留几手满足了草根网红的所有特质。魔性化的语言风格和辛辣的点评模式，让留几手成为了微博当年的"第一毒舌"，成功吸引到上千万的粉丝。

尽管留几手如今的人气有所下降，但他却为草根网红的崛起指明了方向：敢于卖萌耍宝讲段子，才能与那些"先天大咖"一较高下。而到了今天，在互联网模式更为丰富之时，尽管传播途径和手段有了不小变化，但这个基本原则却依然适用。

例如，2015 年突然走俏的穆雅斓，同样通过这种模式跻身一线网红。这一年 6 月，穆雅斓发布了一段视频，在短短几十秒内从"女神经"，忽然

在公交车上用男声说话，然后又在地铁里假装失恋泪水涟涟，甚至还扮演成"葫芦娃"，可以说极尽想象力，各种耍宝手段层出不穷。一下子，这条微博被广泛转发，甚至著名影星邓超也点名说道"谁能帮我找到这位疯一样的女子，《恶棍天使》可以有她！"

"卖萌耍宝讲段子"成就了穆雅斓这位新网红。与留几手相比，她的模式更为多样化，并且亲自出镜，因此更符合当下网友对于网红的定义。随后，穆雅斓开始爆火，达到草根网红新的巅峰。

2016 年 2 月 17 日，穆雅斓参加《偶滴歌神啊》娱乐节目第二季；2016 年 3 月 8 日公布的 2015 年中国网红排行榜中，她高居第 8 名。

与自媒体网红等相比，这类依靠卖萌耍宝讲段子走俏的网红，也许不能带来多少真正有深度的内容，但却能够最大限度地满足网友对于娱乐化的追求，并且他们具有极高的亲和力，所以很容易与粉丝们打成一片。这对有志于进军网红界的草根一族带来了最大的启迪：只有充分挖掘身上的娱乐价值，才能打造最与众不同的自己！

2.4.2 敢于讲段子，更要敢于"自黑"

卖萌耍宝讲段子，这是草根式网红的根基。但这还不够，倘若能够"自黑"，那么就会更加呈现出多样化的姿态。事实上，穆雅斓的一系列搞笑视频和图片，已经展现出了她敢于自黑的特质。而另一位草根网红，则将这一点进一步"发扬光大"，甚至成为了自己的名片。这个人，就是艾克里里。

2015 年，艾克里里突然走红于网络，他凭借的就是"敢于自黑"。而在此之前，艾克里里的微博评论和转发都寥寥无几，几乎没有几个人关注。

自从 2014 年开始，他主动调整策略，主打"自黑"这张牌，结果人气得到了迅速提升。2015 年 9 月，他发布的一条自黑视频转发量超过 13 万次，评论超过 12 万条，超过 42 万人为其点赞。

刻意装扮成小姑娘的模样，形象呈现明显颠覆，因此艾克里里一举跻身超级网红的阵营。

为什么自黑对于草根网红如此重要？原因如图 2-7 所示。

1. 网友的"审丑趣味"

互联网时代，任何美好的事物都是可以进行解构的，尤其对于明星。这就是为什么，近年来青春玉女式的明星再难有出头之日。网友渴望见到的，是更具生活化气质的偶像，而不是高高在上的"神仙姐姐"。是人，都会有七情六欲，敢于暴露自己"丑"的一面，才能真正拉近与粉丝的距离。因此有人说："自黑既是一种境界，也是一种沟通方式。"

图 2-7　论自黑的重要性

2. 巧妙化解尴尬

俗话说，人无完人。网红也是一样，尤其是草根网红，他们更具生活气质，所以就更应当有娱乐心态。而自黑，恰恰能展现出自己大度的一面，给网友留下"玩得起"的印象。所以，不仅是网红，就连大明星们也主动加入了自黑的行列，例如杨幂、刘烨等，都经常在微博进行自黑，反而给当初不喜欢他们的人留下了好印象，成功从路人转为粉丝。

当然，自黑也应当有限度，必须充满幽默和接地气，过于恶俗的自黑模式，反而会遭到粉丝们的反感。拥有一颗大心脏和敏锐的思维，是做好自黑的关键。

2.4.3 草根网红的原则：平民化视角

自黑、耍宝、讲段子……这都是草根式网红的传播手段，却不是最终的目的。如留几手、穆雅斓之所以能够成功，最关键的原因在于：他们始终站在草根一族的角度上去看待生活，愿意用更具平民化的思维来解读世界，而不是总是带着强烈的"经营模式"。

平民化，这是草根网红的标签，更是赖以生存的基础法则。平民化的视角，意味着更能代表广大网友的喜好和认知，更能说出广大网友的心声。这就是为什么，尽管单纯的"文字式网红"日渐式微，但留几手却依旧能够获得较高的人气。站在草根一族的角度上去思考，杜绝过多的精英化模式，这样一来，无论网友群体发生怎样的变化，却始终能够吸引新的粉丝产生好感。

穆雅斓也是如此。尽管已经跻身超级网红，但她的微博中依旧以"平民化娱乐"的内容为主导，即便接拍电视节目、上通告等，也不忘初心。

"不忘初心，永接地气"，这是所有草根网红从诞生到做大、再到形成品牌的核心。刻意将自己包装成"精英分子"，只能画虎不成反类犬。就像留几手同样也在微博发送过软广告进行商业变现，但多数都集中于网络游戏、实用工具等，这是平民一族最常接触的东西；但是如果他刻意推荐 LV 等奢侈品牌，就会造成与粉丝的审美脱节，无法产生共鸣。

草根同样也有自己的美好生活，草根同样也有自己的品味价值，围绕着这些点做文章，才能创造出真正打动人心的内容，让自身审美与认知相吻合。保持自身的草根精神，在此基础上做发散性传播，这才是草根式网红始终保持人气的最佳手段。

2.5

社群型网红：
真正的红人 IP

一个行业开始走向成熟的体现，在于脱离单打独斗的小作坊模式，逐渐形成行业规则与体系，网红经济也不例外。经历了初期的摸索之后，网红行业开始形成自己的体系，这其中，社群型网红堪称典型代表。

2.5.1　社群型网红的特点

从某种程度上来说，网红可分为焦点型网红与社群型网红。焦点型网红，多数集中于视频主播网红、草根网红等，他们主要通过自己完成内容的编辑，通过一个人的努力在互联网创造奇迹；而社群网红却突破了这种单一的模式，更具规模化和团队化，称金字塔结构，由活跃分子、管理员、社群成员等构成，而网红就处在这个金字塔的顶端，如图 2-8 所示。例如，张大奕就已经成功完成了社群的建设，有着完善的粉丝体系，意见领袖、活跃分子……金字塔式的结构，让社群型网红成为了网红领域的集大成者。

社群网红最突出的特点，就在于个人影响力和品牌号召力极为强大。通过团队化的运作和粉丝体系的建立，网红本人产生了非常高的 IP 价值，从而产生源源不断的"核心话题"，围绕着网红本人不断延展。因此，社群型网红的变现能力非常强大。就像 papi 酱，同样建立了自己的社群体系，因此受到了资本机构的广泛关注。

事实上，社群型网红并非今年才出现，早在 2009 年，就有初代网红进行过相关尝试。例如在 YY 平台人气颇高的主播"毒药"，就在微博、YY、贴吧建立了自己的专属社群，并打造出了自己社群口号："天南地北，毒药最美"。所以，YY 平台尽管每年都会有诸多主播诞生，但"毒药"的知名度依旧很高，时至今日关注量依旧在百万级别。可见社群的影响力之大！

正是因为社群运营具有体系化和延续性，所以"毒药"堪称最长

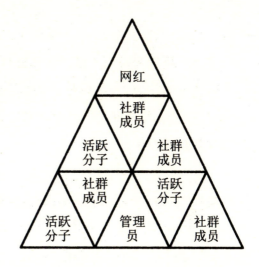

图 2-8　社群的金字塔结构

寿、最吸金的网红之一。在 YY 平台，"毒药"每个月都能带来数百万的现金流量，因此 YY 也花重金与其独家签约，成为了平台的代言人；甚至，她的名字还登上了 YY 在美国 IPO 的招股说明书！

而到了 2016 年，当社群这个词越来越受到关注之时，具有社群文化气质的网红，自然更受到了资本市场的关注。可以预见，未来社群网红才是网红的主流，才能立于网红领域的金字塔尖。

2.5.2　社群模式的突出价值：打造品牌文化

网红经济的发展如火如荼，但冷静的观察家却发现这种模式有着天然的缺陷：过分依靠网红本人的个人魅力。但人总是充满情绪化的，会有不稳定的一面，很容易出现各种风险，从而直接导致口碑、风评下降。尤其是当网红本人出现了负面新闻，那么很快便会经过放大、发酵，甚至导致网红被粉

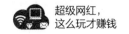
丝们所抛弃。

2016年2月25日，斗鱼TV知名女主播郭mini因为不慎，没有关闭摄像头而换衣服，结果全程被直播，立刻引起轩然大波。3月14日，郭mini经纪公司在直播间进行了一场小型的新闻发布会，而郭mini亲自出席，对广大网友进行道歉，甚至泪洒发布会，恳请各位粉丝的原谅。

尽管郭mini做出了诚挚的道歉，但很多网友还是因此大感失望。这件事给郭mini的人气带来了巨大伤害，即便过了很久依旧有网友宣布对其进行"无限期抵制"。而郭mini本人，也就此被经纪公司雪藏。这就是个人网红最大的风险。

这种问题，是所有网红几乎都要面对的。那么，如何规避这些风险？唯一的方法，就是向社群型网红转型，用团队的力量来规避风险，完成从个人到品牌的转化。因为，一旦形成团队，那么就会有人负责网红的公关形象，也会有热心网友主动帮助网红解决问题，这不是一个人可以做到的。

更重要的是，一旦形成品牌化的社群组织，就能让网红形成持续化的影响力，多渠道聚集粉丝，实现流量的变现。"网红经济只是一个过渡"，这已经得到了共识。

社群型网红的运营特点，在于全方位多角度：粉丝、团队社群能力都会成为这个品牌的一分子，并直接凸显出四要素：网红内容策划能力、粉丝运营能力、变现能力（需要懂电商懂软广告）、个人魅力，如图2-9所示。

例如，互联网家电品牌SKG已经开始了社群网红的经营。通过选拔，选出与品牌最契合的网红，他们可以是企业创始人、媒体人、草根等，然后通过特有的形象进行品牌传播。届时，SKG将会主动为网红打造"社群平台"，开展一系列的微博、贴吧活动等，并积极引导粉丝进行互动参与。所以，SKG 已经确定了自己的发展战略："借助网红，立足于大社群，寻找真正适合自己的定位和思路。"

一旦形成社群模式，那么网红本人不再是"网红经济"的全部，他仅仅只是一个最终输出的渠道，代表着品牌的形象和气质；而更多的传播与变现，将会通过社群组织进行完成。这样一来，网红的生命力显然更强，会创造出更多让人眼前一亮的内容，不断吸引新的网友成为粉丝。

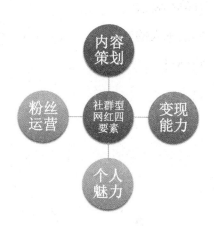

图 2-9　社群型网红四要素

2.5.3　场景化打造大 IP 价值

大 IP 这个词，从 2014 年开始成为市场最关注的焦点。一旦形成大 IP，就会不断形成衍生变现渠道，例如《盗墓笔记》就是典型的代表。当小说在互联网积累了巨大的人气之后，网络剧、大电影、网络游戏、周边产品，甚至一些特定的旅游景点都会行横成"盗墓笔记场景"，从而实现变现渠道的最大化。

而社群运营的特点，恰恰也在于"大 IP"和它所创造的不同场景。在互联网领域，微博、微信、YY、贴吧等，不同的平台组成了不同的场景特点，从而吸引到不同的粉丝群体。

就像 papi 酱，之所以能够创造网红融资的纪录，就在于她本身就是一个大 IP；同时，微博、微信、线下等不同平台，创造出了一个又一个的场景。这样一来，无论具有怎样喜好的粉丝，都能够找到"自己心目中的 papi 酱"。她成为了社群的核心，无论从哪个场景进入社群，粉丝都会感到亲切与熟悉，

尤其是当社群组织进行积极引导之时，粉丝会被这种热烈的气氛所感染——社群小秘书的温馨提示、社群领袖的诱发思考、社群活跃分子的热烈讨论、网红本人的亲自驾临……无论喜欢微博世界还是小视频世界，每个粉丝都能找到自己的兴趣点。当新的粉丝成为"死忠一族"，必然会吸引更多的粉丝进入，从而让社群不断处于壮大之中。

来看看歌手胡夏的社群运营，尽管他并非标准意义上的网红，但对于社群的建设和场景化的营造是非常值得学习的。

官方后援会：胡夏后援会，由后援总会及海内外各地区后援会组成；

后援会组织架构：招新组、投票组、周边设计组、直播组、客户端组……

地区分会：全球共有 28 个地区分会，并在不断增加之中。

后援会主要线上活动阵地："胡夏官方粉丝团"新浪微博、胡夏百度贴吧、胡夏全球后援会论坛、胡夏后援官方 QQ 群。

活动基金：由于地区应援活动时需要制作灯牌、手牌、横幅等各种应援物为胡夏造势，还需筹备其他活动所需物资，因此设立活动基金，鼓励成员参与，以此制作胡夏专属产品。

监督机制：地区分会在有活动的时候需要临时收取活动费，金额以不超过 20 元为原则，按实际状况调整。而各地区必须及时整理账目明细，公示在贴吧，以供虾米（胡夏歌迷的简称）监督。各地区活动账目将定期公示于贴吧或论坛。

毫无疑问，胡夏的社群组织已经形成了典型的金字塔结构。这里需要提示的是：社群并非官方粉丝团，它的运营与发展主要依靠粉丝进行，官方仅仅只是辅助和指导。而胡夏的社群组织，形成了完整的架构，既有粉丝发起的各种活动，同时官方后援会会进行支持，还有监督小组保证各个"社群领袖"不徇私舞弊。除此之外，还有微信群、QQ群、微博组织等，都在这个社群的体系之内。

这种完整的体系，形成了完善的场景。喜欢微博的朋友，一旦在微博搜索胡夏，就会第一时间加入组织；而热衷贴吧交流的朋友，也可以在贴吧的世界里找到熟悉的场景。更何况，还有根据各地创建的细分社群，更能贴合粉丝的生活习惯、行为习惯，并形成全新的社群文化，社群得以不断裂变、壮大，既细分又统一，创造出无数个风格迥异的场景！

社群时代，场景是发展的关键；而对于网红经济来说，社群又组成了最坚实的基础。所以，不懂得打造社群模式的网红，也许可以成为一时的"互联网焦点"，但却缺乏持续性的后劲。未来的网红经济，必然会应对这句话："网红经济不过是'过客'，社群经济才是未来的目标！"

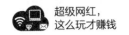
2.6

游戏类网红：技术与口才
并重才留得住粉丝

游戏类网红，同样是非常受关注的网红类型。游戏类网红还有着更为突出的特点：形成了网红的交叉模式。也就是说，游戏类网红涵盖了多种网红的特点。首先，游戏类网红多为草根一族，并非知名人士，多数本身就是游戏玩家；其次，他们多借助于视频直播平台，如斗鱼、熊猫 TV 等，具有很好的口才能力；对游戏又有着很多独到的见解，经常会在微博等平台撰写相关游戏评测，一定意义上又是一名自媒体网红。

复合模式，构成了游戏类网红的特征。所以说，游戏类网红可谓难度最大，但它的未来也最被看好。在电子竞技逐渐成为焦点、愈发被主流玩家所关注之时，游戏类网红也必然将迎来自己的春天。各大视频直播平台都开通了"游戏版块"，可见其已经越来越成为网红领域中的"核心力量"。

那么，该如何成为一名优秀的游戏类网红呢？

2.6.1　游戏达人

游戏类网红，顾名思义，首先应当是游戏玩家，甚至是游戏达人。试想，一个只能称得上是游戏新手的人，怎么可能用游戏技能吸引粉丝呢？正所谓"术业有专攻"，想要成为某个领域的明星，那么自己就应当是专家。

纵观各大平台的游戏网红，多数都是某款游戏的资深老玩家，甚至不少是职业选手，因此会在游戏中呈显出非常专业的态度和技巧。从某种层面上来说，这就是"视频型网红"的专业技能——只有才华才能打动网友。

例如，斗鱼中非常受关注的"若风"，他本身就是"英雄联盟"职业选手，退役后进入游戏直播领域。作为曾经创下辉煌战绩的 WE 队长，"若风"集荣誉和名气于一身，有一大批死忠粉丝不离不弃。扎实的技术，赢得了一片美誉，更成为了各大平台进行宣传时的侧重点。

因此，如果你不是一名出色的游戏达人，那么游戏类网红这条路并不适合你。不要以为：自己会打两局魔兽世界，就可以吸引到粉丝们的关注。只有实打实的实力，才是让网友折服的先决条件。没有这一点，接下来的一切都无异于"空打水漂"。

2.6.2 会玩游戏，更要会解说

游戏技术过硬，仅仅只是基础；游戏类网红脱颖而出的核心，在于解说能力，即口才！用自己的专业能力让网友理解游戏的精髓所在，通过巧妙的解说与网友进行互动，这才能形成立体的形象，而不是木讷的"游戏宅男"。

熟悉游戏世界的网友，一定不会对这个名字感到陌生：老佳解说。这个立足于足球游戏的玩家，同样是非常出色的解说员，几乎每天都会给网友带来精彩的足球解说。且看"老佳解说"的经典语录，就可以看到他的口才是多么优秀。

主裁判一声哨响，然后把哨子咽了！

切尼把胜利献给了比自己大六岁的儿子！

现在需要一个领袖！

这球绕过了守门员，也绕过了球门！

门将不解风情！

这球传给了 6 秒后的自己！

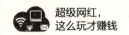
幽默与专业并重，所以老佳成为了游戏界的一颗明星，在斗鱼中的人气也一直居高不下。插科打诨、讲段子，这些都是老佳在解说时经常出现的，而不是枯燥地像解说员，顿时就活跃了直播室的气氛。

好口才、现场解说的把控，直接关系着直播室是否是其乐融融，还是一片沉寂。甚至，如果口才过硬，那么也会弥补自身技术实力不足的缺点。一旦形成良好的互动效果，粉丝的增长就会呈现爆发之势。尤其是网红对游戏中的各种槽点或爆点能够了然于胸，通过夸张的语气进行表达，更能让网友眼前一亮。

2.6.3　会经营自己

技术＋口才，让直播室形成了火热的态势；而在此基础上，网红还应当学会经营自己。这时候，不要忘了社交平台的使用。直播间是网红传播的最终渠道，而社交平台则是与粉丝互动的关键所在。例如"老佳解说"，就会在直播间公布自己的微博、QQ群、微信群等一系列信息，网友一旦关注就会看到老佳的最新动态，同时进行互动交流。

"老佳解说"之所以公布出一系列的社交账号，就在于他需要在直播间之外，继续经营自己。就像图2-10所示的这条置顶微博，表达出了他内心的真实想法，让自己的形象更为全面。当粉丝看到生活中的老佳之时，会主动与其交流互动，形成更好的粉丝黏度。

作为游戏类网红的代表，老佳解说的自我经营不仅于此。他还会定期举办线上"老佳杯"足球游戏比赛，用自己的个人实力创造出了游戏类网红的一个巅峰。因为"老佳杯"的影响力越来越大，形成了他的专属品牌，因此各大平台一旦与老佳签约，就会推出专属"老佳杯"界面，让品牌的价值得到进一步传播。

老佳解说

6月17日 11:50 来自 微博 weibo.com

我，老佳，只是一个小小的网络足球解说，在和"网络看球平台数10年谩骂环境"这个敌人做斗争。在网络这个复杂的社会，素质低，节奏多，滋漫深。无论我身在哪个平台解说比赛，我们的直播间看似都是素质球迷们的唯一避风港。外界多多少少会有一些风暴来袭，但我们的码头管理可以做好一切防范的准备。有的时候风浪太大，会有些小混乱，但我们也在极力的补救，尽量避免损失。任重道远！现在做的还不够好，以后会更好！我们在用一丝丝微不足道的力量轻微的撼动整个大的环境，虽然这条路太难，但我绝不会放弃！如果你在直播间被封禁，可以去贴吧管理团队申诉获得解封，或者直接私信我。大家有好的建议和意见也可以提出。我们在这条路上，仅仅走了1%。 收起全文 ⌃

图 2-10　老佳解说的微博置顶

可以说，游戏类网红是最考验网红个人素质的，在直播时需要做到一心二用：既能打出让人赏心悦目的游戏，同时还要用解说技巧不断调动粉丝们的热情；在直播之余，还需要像一个自媒体人一般，通过社交平台分享生活、分享游戏心得；到了一定阶段后，又必须进行个人品牌化包装，如老佳解说的"老佳杯"游戏足球比赛。不过尽管要求颇高，但是如果能够做到足够优秀，那么势必会跻身超级网红的行列，在赚得盆满钵满的同时，形成强大的个人号召力，从而实现"名利双收"！

2.7
你适合成为
什么样的网红

我们看到了形形色色的网红类型，那么，你到底适合成为怎样的网红？倘若找不好定位，那么很容易迷失在花花绿绿的网红世界之中。所以，在踏入网红界之前，我们必须先做一些简单的测试，然后看看自己的特质，在"网红千面"之中，找到最适合自己的那一款！

2.7.1 趣味测试：你是否能成为网红

首先，让我们来做一个简单的测试。通过这几道题，我们就能简单判断自己是否可以成为网红。

你喜欢自拍吗？

A. 我自拍并不是因为自恋，而是记录自我的美好时光。

B. 我不喜欢自拍，第一不上镜，第二懒人一个。

C. 我非常喜欢自拍，因为自拍能给人带来愉悦的心情。

做出自己的选择后，接下来我们来看答案分析。

选择 A，说明具备一定的网红潜质，善于抓住每次展示自我的机遇。不过，它也暴露了你的一些问题：交际圈较窄，很多时候是为了取悦自己。所以，如果想要成为一线网红，那么就必须拓展自己的社交圈，提升自己的出镜机会。既然你对自己非常自信，那么又何必拒绝更大的舞台呢？

选择B，很遗憾说明你不适合成为网红。潜意识里，你对网红有一定排斥，尽管你会关注网红、喜欢网红，但如果真的让自己成为网红，你会有一百个不愿意。很多时候，你之所以关注网红，仅仅只是将其看做"小丑"，给自己的生活带来点热闹。

选择C，说明你非常适合成为网红！你热爱美，也很善于发现生活，因此愿意主动和他人分享；同时，你的面容、身材也让人傲视，有了"颜"的资本；更重要的，则是你非常熟悉各类社交平台，如微博、微信等，因此愿意主动贴出自己的照片。此时，如果可以找准自己的定位，用合理的手段进行包装，那么很快就能跻身网红行列。

是否喜欢自拍，并不代表真的对"自拍"本身感兴趣，而是表明了你是否敢于展示自我。无论哪一种网红，倘若没有这种自我展示心态，那么都不可能走进网红的大门。网红的世界，拒绝扭扭捏捏，拒绝千人一面，更拒绝那些不敢表达自己的人。

当然，我们不必因为这样的"趣味测试"就给自己贴上标签，认定自己没有成为网红的机会。开始提升自己的自信心、学会与更多的人进行交流，尤其能够在各大社交平台活跃起来，那么渐渐地你也将获得成为网红的潜力。

2.7.2　自己的特质是什么

进入2016年之后，最火热的网红，当属视频直播网红。打开斗鱼、熊猫TV等，不难发现每天都有上万的主播在活跃着。而点击进入那些热度极高的房间，更能看见无数粉丝在不停地送竹子、刷火箭……一时间，视频直播网红成为了最受瞩目的网红类型。

正因为如此，越来越多的年轻人渴望进军视频直播网红界，就连笔者身

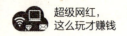
边的不少朋友，也不止一次表示想要尝试开设直播间。不可否认，视频直播因为"有文有图有视频"，更具真实感，并且入门门槛较低，是实现网红梦想的最佳途径；然而这就等于，我们一定能成为网红吗？

所有事情，最忌讳的就是跟风，网红也不可例外。如何成为优秀的视频直播网红，前文中我们已经说过，那么自己真的能胜任这一挑战吗？自己真的有才艺，可以吸引到网友的关注吗？自己是否有灵活的头脑和过人的口才？可以与网友进行不间断互动吗？

同样，自媒体网红、淘品牌网红也是如此。每一种网红类型，都有其与众不同的特点。倘若今天看到张大奕的网店经营得风风火火，不免产生做淘品牌网红的心态，于是盲目地上架、开视频、写专栏，那么过不了多久就会感到失望：没有吸引一名粉丝，反而投入不菲，结果陷入无尽的悔恨之中。

想要成为一名优秀的网红，必须杜绝"跟风"，要先找到自己的特质在哪里。网红表面上看起来无比风光、无比轻松，但其中的学问不亚于职场。就像papi酱，有多少人知道她毕业于中央戏剧学院导演系。也就是说，她本身就有扎实的专业技术，对于拍摄、剪辑得心应手；同时，通过导演系的学习，她也会更加明白普罗大众更愿意看到什么，因此所制作的节目会直击大众痛点。同样，张大奕有着模特的经历，对于时尚有着精准的把控，社交广泛，所以进军女装行业时，必然会快速成为"网络红人"。

那些总是批评网红的人，其实并没有看到网红背后的知识储备，以及付出的辛苦。即便二线、三线网红，有不少也都是专业科班出身，或是经过一定的专业指导与训练。正如斗鱼中那些通过点歌走俏的网红，她们在成为网红之前，都有过长时间的"练歌生涯"，如酒吧驻唱等，因此转战平台后能够迅速发挥出自己的特质。

那么，你的特质在哪里？

倘若你有足够高的漫画水准，那么不妨在微博开设"漫画分享"，给粉丝创作漫画头像，然后发布在微博之中，久而久之，你就会吸引到固定的粉丝群体，甚至收到商业公司的邀请。

倘若你是一名历史爱好者，那么可以在微博或今日头条等撰写文章，并与网友进行互动。例如百度贴吧历史吧中的"小郡主芊芊"，身为模特的她却挖掘出了身上历史文化潜力，并聚集了大量的粉丝；

图 2-11　"小郡主芊芊"的主题发布

网红的特点，就在于"差异化"。就像斗鱼中的"烧烤哥"，他没有遵循任何一个网红的成功之路，而是在自己的烧烤生意上做足噱头，将自己与食客之间的互动进行展示，并且不时会讲段子、唱流行歌曲，形成了独一无

二的气质，同样笼络到了数万名粉丝的关注。

　　"没有最好的网红类型，只有最适合的网红类型"。想要成为网红，就必须找到身上的闪光点，然后进行深度挖掘，而不是人云亦云，否则只能东施效颦，不仅没有成为网红，反而沦为大家的笑柄！

Part ③

网红＋直播＋电商：网红电商运营的 8 大策略

　　进军电商领域，几乎是网红发展的必经之路；而借助直播平台进一步展示自我，也是网红必须经历的成长过程。那么，如何玩转这些细节，让自己的形象更为饱满，同时实现变现的渠道？本节介绍的 8 大策略，是绝对不可错过的！

3.1
网红＋电商：内容引流，
塑造小众化归属感

变现能力最强的网红是谁？毫无疑问，就是以张大奕、呛口小辣椒为首的一批"淘品牌网红"。她们有一个共同的特点，就是在经营自我的同时，与电商平台进行全方位合作，无论淘宝还是微店，都经营得风生水起。可以说，如果没有电商平台，那么张大奕的变现能力就无处发挥，也许可以成为一名人气较高的"互联网红人"，却与变现无关。

所以，"网红＋电商"的模式，越来越受到网红领域的关注。尤其是"私人定制"概念的提出，开始让这种模式越来越展现出与众不同之处。借助社交平台不断进行内容引流，同时凭借着网红本人的独特美学实现小众化打造，这让"私人定制"已经不再是空谈。

3.1.1 内容引流：有了粉丝才有消费的基础

网红生存的基础是什么？粉丝。

粉丝为什么要关注网红？内容有趣，能够打动人心。

内容，是网红引流的核心所在。无论哪一位网红，无一例外都是通过不断的内容输出，并形成体系化和个人风格化，最终打动了网友们的心，从而转化为粉丝。

王思聪能够成为网红，在于他关注娱乐圈，经常发布评论，甚至不惜与其他明星开撕，因此受到八卦一族的追捧；

papi 酱能够成为网红，在于她善于利用小视频的手段找准社会热点，因此受到年轻一族的追捧；

张大奕能够成为网红，在于她可以不断传播时尚，因此受到爱美一族的追捧；

同道大叔能够成为网红，在于他可以将原本有些枯燥的"星座心理学"进行漫画式改编，因此受到热衷星座的朋友追捧。

个性突出，实现内容的不断输出，这是所有网红的共同特性。一旦形成文化特色，网红周围就会迅速聚合相应的粉丝——喜爱时尚搭配的人，自然会主动关注张大奕；热衷于互联网搞笑文化的人，也会第一时间成为 papi 酱的粉丝。当网红用最前沿的个性生活方式，引导粉丝接受同样的生活观点和消费理念后，一旦网红在平台推出产品，这些产品与自己气质相符、个性契合，那么就会让粉丝感到这款产品同样适合自己，从而积极购买，进而影响粉丝与网红在社交平台互动，加速

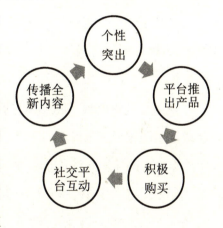

图 3-1　不断内容输出形成的良性循环

传播全新内容……当这种模式形成良性循环，那么网红的电商变现之路就会不断发酵、爆发，如图 3-1 所示。

这就是为什么，如张大奕、呛口小辣椒等网红在微博等平台是那样活跃：每天都会发布内容、与网友互动。她们需要不断进行内容输出，从而加强粉丝的认知意识，为变现做好铺垫。当这些内容受到粉丝的一致好评，接下来，

她们所推出 / 代言的产品就有可能形成极高的销售态势！

内容引流，成为了网红界的共识。papi 酱之所以能够获得1200万元的高额融资，就在于以徐小平为首的资本机构看到：papi 酱能够生产出源源不断的视频内容，个人形象不断放大，形成品牌化效应，吸引到了千万级别的忠实粉丝。一旦 papi 酱进行商业化运作，那么只需稍加引导，就会形成强大的变现能力。所以，papi 酱尽管不是"淘品牌"网红，但她所创造的人气价值，即便一线明星也无法比拟。同时，papi 酱的形象健康，没有负面新闻，这给未来的小众定制发展做好了铺垫。

3.1.2　小众定制创造更大的归属与变现

什么是"小众定制"？针对某个特定的人群，提供最具个性化的产品，直击人群痛点。这在网红电商领域也不可例外，它已经正式进入了"小众定制"的时代。

在网红电商领域，谁最具有小众定制代表性？毫无疑问，就是罗永浩和他所推出的锤子 / 坚果系列手机。罗永浩的成功，正在于"互联网"——当年火爆一时的《罗永浩语录》在年轻群体中被广泛传播，让罗永浩一跃成为了"网络红人"。尽管在当时，"网红"一词并未诞生，但罗永浩的诸多举动，已经具有了非常明显的网红特质。

随后的几年，罗永浩一直都是互联网热点，并最终进军手机行业。罗永浩之所以敢闯入之前完全没有涉足的手机市场，就在于他牢牢把握着"小众定制"的精髓。罗永浩的粉丝，可以贴上共同的标签——个性、独立，具有美学概念。所以，锤子 / 坚果手机同样在这些细节上大做文章，摒弃一般桌面壁纸；采用九宫格模式；独特的便签使用方式……可以说，锤子手机天生就不服务于大众，它的受众群极其精准：充满个性的文艺青年。

无论罗永浩还是锤子 / 坚果手机，文艺气质是最为突出的。而它的受众群，同样就是那群热爱文艺的小众分子，而不是追逐苹果、三星的大众。同时，罗永浩的一系列表现，也表明他的确是以网红的模式来经营品牌的：高调地为锤子手机站台，发布会上俨然是全场最大的明星，风头盖过手机；为了维护产品，不惜在微博上与网友"开撕"……倘若不是罗永浩的网红特质和产品的"小众定制"，那么这个后起之秀品牌，恐怕命运早已与现在不同，或许已被市场抛弃。

所以，锤子 / 坚果手机尽管依旧危机重重，但它依旧通过"小众定制"的特点，在市场分得了一杯羹。网红所引导的"小众定制"时代，标志着传统"产品在先，需求在后"的商业模式开始逐渐走下坡路。品牌将会根据粉丝定位，然后敲定生产怎样的产品，这样才能最大限度保证粉丝们的归属感。

罗永浩推出的手机如此，张大奕推出的服装亦是如此。结合网红本人的特质做文章，不断挖掘最具个性化的一面，甚至由网红本人亲自做模特、做推广人，这样才能给粉丝带来截然不同的感受，形成"小众定制"的模式。

3.2
网红 + 直播：淘宝、社群、
微商全渠道引流变现

直播，堪称网红引流的最大必杀技，几乎所有的网红，都曾发起过"直播秀"，尤其张大奕，更曾创造过淘宝直播秀的纪录：观看人数超过 41 万，点赞数超过 100 万，两小时内成交额达到近 2000 万元人民币，客单价近 400 元，直接刷新了淘宝直播间引导的销售纪录。图 3-2 为张大奕直播时的画面。

图 3-2　张大奕的淘宝直播秀

所以，直播越来越成为了网红的引流变现重要渠道，无论淘宝、社群还是微商，直播都是必不可少的运营策略。

3.2.1 视频直播，做好预热

之所以选择直播模式进行流量变现，就在于这个"有图无真相"的时代，单纯的图文模式已经很难唤醒粉丝的激情，必须借助更具真实感的直播动态，让粉丝们看到更真实的网红。社交理念正在进行新一轮的升级，过去单纯的关注模式已经落伍，粉丝们更愿意与网红进行深层次的交流，如直接语音对话、弹幕时时互动等，从而实现"零距离"的接触。

网红发起直播的方法很简单，只需打开斗鱼、战旗、熊猫 TV 等任何一款直播 APP，就可以快速"上演"一场真人视频秀。但要想做好一场成功的视频秀，我们必须做好各种相关准备，尤其是主题的规划。

在发起视频直播前一周，网红应当在微博等平台做出先期预告；正式开始前三天前，公布本次直播的流程时间分配，第一阶段会与粉丝分享什么、第二阶段会有怎样的互动环节、第三阶段会有哪些嘉宾登场。同时，给粉丝们留个悬念：直播中会有怎样的彩蛋。到了直播当天，在社群各个平台不断发布"倒计时"信息，以此更加提升粉丝的参与度，如图 3-3 所示。

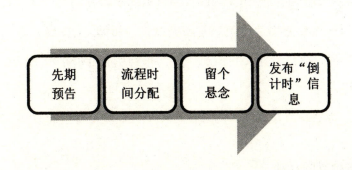

图 3-3　视频输出的预热流程图

一场没有任何准备的直播秀，必然会流于表面，没有多少具体内容可以与粉丝分享，仅仅十几分钟就不得不宣布结束。这种直播秀，对于网红的引流变现没有丝毫帮助。所以，在视频直播秀之前，想好能够给粉丝带来怎样的干货，同时能够在哪些平台进行快速的推介，第一时间吊起粉丝们的胃口，这样才能打造一场活跃度极高的视频直播。

例如，微博平台非常高人气的网红梁欢，每次进行视频直播之前，都会详细说明活动开始的时间、活动的话题组成等，让粉丝明白自己的观点是什么。因此，梁欢的粉丝在网红界是最忠心耿耿的，也是最具活力的。

3.2.2　社群平台全引流，让变现呈现最大化

社群的意义毋庸置疑，它是粉丝的聚集地，更是网红传播自我，实现电商变现的最佳渠道。尤其是微博、微信、QQ、贴吧等，这都是不可或缺的引流渠道。

当然，没有一个网红，可以做到每天在不同的平台开设直播频道。所以，社群平台的最大意义，在于引流——将不同社群的粉丝们集中起来，然后统一进入某个视频直播平台，这样网红才能做到集中精准化传播，实现渠道的变现。

因为社交软件的开放性，所以越来越多的平台互相都打通了入口，例如斗鱼，可以一键将直播房间信息发布到微信、微博、QQ群、论坛等，所以在直播开始时，网红一定要将信息一键发布到所有社群平台上，最大限度地吸引粉丝进入。

那么，既然是直播变现，网红在直播中需要做好哪些细节？

1. 与粉丝的互动

直播互动，是网红与粉丝沟通的核心。所以，即便有许多产品需要去推

介，也不要忘了：粉丝不是单纯收听广告的人。做好互动，才能积攒人气，为变现建立基础。过于赤裸裸的商业推广，只会让粉丝感到乏味，选择退出，甚至成为"黑粉"。

2. "润物细无声"的推广

真正优秀的推广，应当是摄人心魄，而不是强买强卖。直播过程中的推介，不能是单纯的"电视购物"，一味地在介绍产品、吹嘘产品，而是应当让产品成为直播中的一个道具，一个场景中必不可少的环节。例如，对于想要推介美妆产品，那么最佳的方式就是为粉丝们上演一场"美妆 show"，让粉丝看到使用产品后网红实打实的变化。这样一来，产品既成为了一种直播的互动环节，又能够吸引粉丝的注意，再进行引导变现时才更具说服力，更具"润物细无声"的效果。

3.2.3 巧妙视频说明大引流

经常观看视频网站的朋友，会发现很多视频界面之下，有一段简短的介绍。通过快速浏览，我们即可知道这个视频频道有哪些内容和精华。所以，网红也应当写明自己的直播特点是什么，如"周一互动情感""周二游戏大直播""周五你点我来唱"等，让网友立刻了解到你的风格，从而愿意主动关注，并形成持续化。图 3-4 为"老佳解说"的直播公告说明。

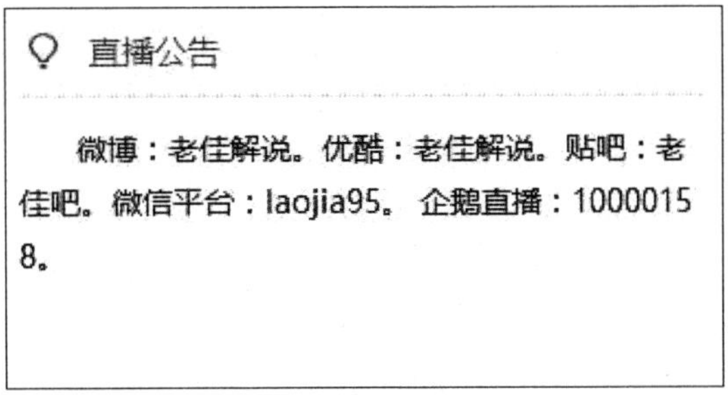

> 💡 **直播公告**
>
> 微博：老佳解说。优酷：老佳解说。贴吧：老佳吧。微信平台：laojia95。企鹅直播：10000158。

图 3-4 "老佳解说"的直播公告

不要小看这短短几行字，一个账号的基础简介、一段视频的集中说明，

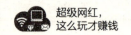
都会在此快速展现。甚至，网红还可以添加个人微信号，一旦网友感兴趣，就会通过这段说明直接进行关注。

例如，网红可以将自己的微博、微信号同样写入简介，这样当网友对你产生兴趣之时，除了会关注你的视频直播账号，还会迅速找到你的微博账号，从而进行关注，最终形成大引流的效果。

3.3
直播 + 电商：为产品代言，
或定制产品直销

代言或推出定制产品，这是网红在积累到一定人气后，必然会采取的变现手段，无论 papi 酱还是张大奕，都跳不过这个规则。尤其当直播模式引入之后，为产品代言或定制产品的直销就更加真实、可信，进一步拓展了网红的变现渠道。

3.3.1　场景化代言

网红不是传统意义上的明星，但当他们的影响力达到一定程度，其所蕴含的商业价值与明星并无不同。所以，进行品牌代言，就成为了商业价值变现的最佳渠道之一。例如，papi 酱的视频贴片广告价值达到了 2200 万元，这就是一种代言模式的尝试。与小视频相结合，融入气质相符的品牌广告，papi 酱成为了网红界的第一人。

而就在 2016 年 6 月最后一天，又一个网红界的爆炸新闻传出：著名的网红主播 MC 天佑与某品牌签约，正式成为该品牌代言人。高达 2500 万元的代言费，一举超过 papi 酱。未来，该品牌将会与 MC 天佑进行捆绑，出现在 MC 天佑的直播互动之中。

当网红愿意为品牌背书之时，那么该产品将会出现在网红生活中的任何一个细节之中。尤其是当直播开启之时，这种渗透是全方面的。

音乐类网红与麦克风品牌代言：在直播过程中，网红将使用这款麦克风进行演唱和互动，产品的特点直接呈现。

时尚类网红与口红品牌代言：在直播过程中，口红必然成为网红必不可少的道具，会吸引粉丝关注和购买。

运动类网红与品牌运动鞋代言：在直播过程中，网红将会穿着运动鞋奔跑在运动场，并用自己杰出的表现，凸显这款运动鞋的优势所在。

……

场景，依旧是场景。

与明星代言品牌相比，网红的品牌代言将会形成最真实的生活场景，这是单纯广告完全不可比拟的。所以很显然，网红的品牌价值会更高。因此，papi酱、MC天佑可以创造出天价代言记录，甚至一举超过一线明星。

当然对于网红来说，能够做到这些并非易事，只有人气到达一定程度，每天的直播室粉丝达到数十万，才有机会接到相应代言。但不可否认，这种"场景化"代言的时代已经到来，因此有人说："网红与品牌的联姻，即将迎来炽热的夏天！"

3.3.2　二线网红的代言模式：产品活动折扣引流

直接与品牌进行联姻，这当然是每个网红的梦想。但是目前来看，除了一线网红，绝大多数网红很难直接与品牌进行合作。因此，对于二线乃至网红新人而言，产品活动折扣引流，不失为初期的代言最佳模式，既可以实现变现的目的，也能够逐渐积攒人气。

例如，具有一定知名度的网红刘娅希，尽管没有直接进行品牌代言，但通过图 3-5 所示的这种产品活动引流，同样实现了部分代言的目的。未来，这种模式也会成为网红的主流变现渠道之一，尤其对于二线网红而言。借助影响力与品牌进行合作，将品牌活动、折扣信息第一时间推送给粉丝，这会在区域性较强的网红身上形成大规模爆发之势。除此之外，在细分领域有着极高知名度的网红，也很容易借助这种模式打开局面。

等不及国行疯6的中国风竹质限量版手机太值得收啦～限量哦 //@阿努
纳奇LTE:5.5英寸Full HD, Bigger and Better!

> **@一加科技 V**
> 加油们久等了，好评如潮的一加竹质限量版手机明日将卷土重来，再度发售！9月19日上午10点官网免预约，开放购买，售完为止。此次开售我们优化了发货流程，不必再漫长等待，独一无二的一加竹质马上到！关注@一加科技 转发本微博，三份竹智手机支架底座随机送！

图 3-5　网红刘娅希的微博活动引流

当然，与品牌代言一致的是，这种产品活动折扣引流模式，同样也应当有所注意，这样才能做到精准投放。

1. 足够让人惊喜

推送的活动信息、打折优惠信息一定要让人感到眼前一亮，价格是过去完全无法想象的。如果打折力度仅为 9.8 折、9.5 折，绝大多数粉丝并不会感到惊喜，因此在产品推出之前，社群运营方应当与品牌方达成协议，为粉丝提供专属的超低折扣，从而引爆粉丝经济。

2. 设定相应规则

打折、优惠信息只有被更多人看到，才有变现的可能性。所以，网红和团队不妨设定简单的规则：转发至朋友圈、微博可以享受折扣；连续转发多

少天，可以进一步享受优惠。唯有如此，相关产品才能通过粉丝的不断扩散，最终成为区域内的互联网热点。

3.3.3 定制产品直销：超级网红的最佳变现

品牌代言、产品活动引流，这些方式尽管能够形成足够的变现，但网红本人始终是为"他人做嫁衣"，无法走出最具自我气质的一步。所以，倘若人气达到了顶点，粉丝数量突破千万，那么此时不妨进行定制产品直销，结合网红本身的特质，实现最佳变现的目的！

papi酱显然是这个领域"第一个吃螃蟹的人"。带着超高的人气，papi酱在视频节目中"留了一手"，将自己的定制化产品进行推送，并形成了非常好的效果。

2016年6月13日，papi酱在公告发布了名为《papi酱的影评系列视频又来啦！我把〈魔兽〉给看了！！！》的视频，并在公号最后做了一个小尾巴：淘宝搜索"papi酱心智造"，当日18:30准时发售主题体恤！结果六点半，店里唯一的3款魔兽主题印花短袖T恤全部售罄！

这件事给papi酱团队带来了非常大的启迪。她的合伙人、北京春雨听雷网络科技有限公司CEO杨铭说："这件事给了我们很大的启发。无论对直接销售产品，还是以销售的形式为产品做营销，papi酱都是完全开放的，只要能做出好玩的东西，我们就会做！"

对于超级网红而言，进行定制化产品直销，这是非常值得推荐的尝试。事实上，这种模式的特点就在于让网红本身形成大IP，围绕着这个IP不断进行开发。未来，我们不仅可以看到T恤、马克杯、手机壳这样的传统定制产品，甚至还会出现网络剧、网络游戏这样的高附加值科技产品！

当然，想要进行定制化产品直销，这不是一件容易的事情，需要团队成员的共同协作。例如，需要有专人负责大数据捕捉，找到粉丝们真正喜爱的产品是什么；需要有专人沟通上下游，以合理的价格找到代工工厂；需要及时与社群负责人取得联系，在社群内部发起大讨论，敲定最终的方案。同时，网红本人也需要通过直播等平台，不断将信息传播给粉丝们，这样才能形成规模化与体系化。

3.3.4 代言，不是恶意营销

我们经常会在微博上看到这样的情形：有的网红经常会在主页转发一些产品信息，并鼓励粉丝们去购买，如图 3-6 所示。然而，这些内容无论转发还是留言都少之又少，甚至不少粉丝还会批评网红："真让人失望，总是接这种广告！"对此，不少网红也有些委屈：我不过只是转发客户的信息罢了，为什么要这么说我？

图 3-6　某网红发布的不当引流广告

就像上图这位网红所发布的内容，不仅没有形成很好的引流效果，反而被粉丝们口诛笔伐，认为其推荐的产品是假冒伪劣。尽管这位网红做到了"引流变现"，但事实上，这却是不折不扣的"恶意营销"。

什么是恶意营销？首先，与网红本人的定位完全不符，对粉丝无法产生

任何刺激。就像主打美妆产品的网红，终日推荐的都是 3C 产品，必然会给粉丝带来非常差的体验；其次，所推荐的产品质量完全不达标。一旦粉丝使用后出现问题，首先要怪罪的必然是网红本人；最后，则是网红的引流变现完全不审核，甚至网红本人都不了解这些产品。结果，粉丝咨询时不是支支吾吾，就是一股脑推给品牌方，让粉丝大失所望。

我们说过：网红不是传统意义上的明星。但不可否认，其同样具备相同的社会影响力。倘若对于推荐、生产的产品一无所知，甚至对粉丝可能产生伤害，那么网红本人同样需要承担相应的代价。轻则，损失大量人气。看看这些年因为不当代言而被抵制的明星，就可以明白后果是什么。

所以，网红想要进行引流变现并没有错，但这不是进行恶意营销的借口。真正可以实现变现目的的网红，必须要做到如图 3-7 所示的这四点。

1. 与自身形象契合

网红的引流变现产品，要做到与自身形象契合。这一点不妨学习张大奕，在微博中既便于进行推荐，产品也与自己的定位较为契合，多为时尚、美妆类产品，可以与女装进行搭配，直击粉丝痛点。

2. 视频直播试用

在推荐某款产品之时，网红必须进行视频直播试用，让网友看到：原来网红本人也在用这一款产品，而不是单纯的广告。同时，试用还

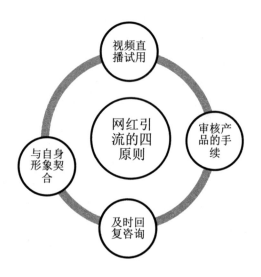

图 3-7　网红引流变现的四原则

会给粉丝传达这样一种信息：这款产品是安全可靠的，否则网红本人怎么敢

试用？

3. 审核产品的手续

无论怎样的产品，网红必须审核相应手续，看它是否为正规产品，否则就应该果断地说不！

4. 及时回复咨询

对于粉丝的咨询，网红应当第一时间进行回复，即便无法进行解答，也应该公布该品牌的客服联系 ID，并协助其进行咨询。这样，粉丝才会觉得你是一个值得信赖的人，愿意接受你的推荐。

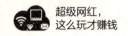
3.4
社群电商：打造会员制，
会员与非会员待遇差异化

社群这个词，是 2015 年开始最受瞩目的互联网新理念之一，快速成为互联网经济发展的新风向标。无论电商平台还是网红群体，无一例外都将"社群发展"作为了下一个风口。那么，对于网红而言，如何将社群模式积极引入，与电商相结合，打造更具生命力的网红新模式？

3.4.1 社群会员模式

罗辑思维的大名，相信很多人都不陌生。罗辑思维的创始人罗振宇，很显然也非常具有网红的特质，并深谙网红经济的精髓：每日发送的语音推送、定期上线的视频节目、各个城市的线下活动，同时还有周边产品的贩卖……可以说，罗辑思维是最具影响力的社群品牌之一。

罗辑思维的社群模式，构成了社群经济的模板。但真正将罗辑思维推至"风口浪尖"的，则是罗辑思维独特的会员模式。

2013 年 8 月，中国互联网上演了全新的神话：罗辑思维正式开始会员制，6 个小时完成 5500 个名额的购买，盈利达到 160 万元，让所有不看好罗辑思维的评论家大跌眼镜。

截至 2015 年 8 月，罗辑思维拥有 530 万用户数，估值达到了 13.2 亿元。这个 2012 年才诞生的品牌，却凭借着重量级的产品和丰富的社群场景化运营，让诸多老字号企业也不得不汗颜。

作为具有强烈知识分子色彩的网红，罗振宇用社群模式的运营，创造了一个奇迹。在此之前，所有人都不看好这种纯粹线上的会员模式。罗振宇的会员模式为什么能够取得成功？这与逻辑思维提供的干货不无关系。

1. 内容过硬

高质量的内容，吸引高质量的粉丝。这对于任何类型的网红都不例外。罗辑思维从诞生开始，罗振宇就源源不断地推送这高质量的视频节目，期期堪称经典，所以很快在第一时间笼络到了不少铁杆粉丝。

2. 微信平台的组合拳

很快，罗振宇的另一个拳头产品上线——罗辑思维公众平台。每天，罗振宇都会亲自录制 60 秒的语音内容推送给粉丝，引导粉丝进行深度思考。不要小看这 60 秒的内容，它与视频节目形成了很好的互补，粉丝不再只是单纯地接收，而是进行主动思考，从而为社群培养了一大批思想者，进一步提升了社群的黏合度。

除此之外，诸如各种类型的线下见面会，将罗辑思维的社群生态变得更为丰富。所以，当罗辑思维粉丝的社群用户达到了一定数量之时，会员制自然水到渠成。2013 年 8 月，当罗辑思维正式开通付费会员模式，一举创造了自媒体的变现奇迹。用一组数字，来表现罗辑思维今天的规模。

一年的视频推荐，罗辑思维卖出了 1.5 亿的图书；100 多万名付费用户，每年会员费收入近千万元……

无数的网红都渴望发展社群会员模式，提供专属服务，但这不是轻易就能成功的，只有像罗辑思维这般，提供让人过目不忘的内容，才能成功创建社群。微博、微信、QQ、贴吧等，每一个平台，都需要形成相应的社群体系和文化，这样才能为会员制的发展奠定基础。

3.4.2　引导粉丝养成习惯，打造会员制核心

再一次聚焦罗辑思维。如果用几个关键词评价罗辑思维的粉丝，我们一定会想到这几个关键词：思考、知识与独立。

几乎所有的罗辑思维会员，无一例外都带有这样的气质，他们更愿意思考一些形而上的问题，甚至近乎于哲学；同时，他们也是各个论坛的活跃者，喜欢用自己的知识储备与网友交流，透露出与众不同的气质。

这在另一位网红——罗永浩的粉丝身上有着同样的特点。独特、前卫、特立独行，主动购买锤子手机的人，都带有浓郁的文艺青年气质。所以，他们社群风格带有艺术化气息，倘若不能接受这样的美学，那么就不会喜欢罗永浩，更不会购买锤子／坚果手机！

为什么罗振宇、罗永浩的粉丝们会形成独特的性格属性，并最终形成社群文化体系？这种性格习惯的养成对于网红变现是至关重要的——当他认同了你的三观，就会逐渐形成较为一致的三观，并愿意接受你的推荐，购买你的产品！

这样的情形，同样出现在苹果用户身上。苹果手机用户忠诚度是最高的，初进中国之时，它是精英分子与白领阶层的首选，一旦推出新的产品他们就会积极购买，很少更换品牌。

因为，苹果手机的高端定位、独立美学，给苹果的产品带来了与众不同的文化；这种文化被社群所接纳、分解、再创造，并开始对外输出。几乎所有准备购买苹果的用户都会这样思考："当我拥有了一部苹果手机，是否就

意味着自己也将跻身精英分子领域？"

同样，网红的会员与非会员模式，也会逐渐影响到每一个人，并形成差异化。就像罗辑思维，每一期罗辑思维会员开放之时，都会有很多罗辑思维的成员询问如何购买，甚至炫耀自己是花了钱的"铁粉"（忠诚粉丝）。一些没有成功购买的成员，甚至几天内都不好意思说话，觉得自己"不配是罗辑思维的一员"。

这就是"羊群效应"的典型表现。网红领域，倘若能够建立会员模式，并引导会员形成这样的思维，那么它们就会不由自主地给自己贴标签，有意识地和非会员做出区分。一旦形成这样的模式，那么无论网红如何进行电商变现，铁杆会员必然第一时间倾巢出动，形成巨大的购买力！

3.4.3 差异化会员模式：让粉丝的积极性更高

2013 年，秋叶老师在网易云课堂发布标价为 99 元的课程《和秋叶一起学 PPT》，如图 3-8 所示。从 2013 年"双十一"开始到 2013 年 12 月 19 日，短短 39 天时间，轻松实现总销售额过 10 万元。而这其中的购买者，绝大多数都是由秋叶 PPT 社群成员组成。

关注"网红社群"的读者，相信不会对"秋叶 PPT"这个品牌感到陌生。秋叶从一个技能分享者，逐渐形成品牌社群，再到各种图书、节目的上线，在技能培训类网红中奠定了超高的人气，社群组成非常完善。

而与罗辑思维相似的是，秋叶老师的社群，同样主打会员模式。但他的尝试显然更进一步：差异化发展，实现更为精细的会员模式。来看看秋叶 PPT 的会员体系，就能了解到其中的奥妙。

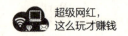

图 3-8　秋叶 PPT 推出的专属视频课程

1. 基础社群组织

所有对秋叶老师和课程感兴趣的用户，都能加入到基础社群组织之中。数十个依托于 QQ 群建立的秋叶 PPT 社群，既有适合新人进入的"小白社群"，也有购买过教程的"初级粉丝"，每个人都能找到自己的位置。而每个社群所享受的待遇也有所不同，例如购买过教程的粉丝可以享受免费视频教学等。一下子，不同层次的会员就拉开了距离。

2. 核心社群的严控数量

在基础社群之上，秋叶还有一个核心社群。并且，这个社群严格限定了"69人"的规模。只有那些卓越的"功勋"人士，例如创造出了全新的 PPT 风格和模板，或是获得过相应大奖的人才能有资格进入。这样一来，这个社群的讨论话题非常高端和专业，不会被过多的新人拉低水准。对于那些基础社群的粉丝来说，有朝一日可以凭借实力跻身这个社群，那么就是对自身实力的最佳褒奖！所以，对于很多会员来说，这个核心社群显然更具神秘性和吸引力。

4. 淘汰、退出机制的引入

为了保持核心社群的健康度，69 人核心社群也引入了淘汰和退出机制。例如，三个月没有任何发言，并且没有向社群管理员说明原因，那么就会被淘汰，由符合实力的新人替代。同样，进入核心社群却发现自身实力有限的人，也可以主动申请退出，避免给核心社群的"精英气质"带来损害。

3. 杰出贡献者凭邀请进入

千叶 PPT 的核心社群更像欧洲的"贵族阶级"，想要通过花钱进入绝不可能。这个社群，严格遵循邀请机制——只有对社群做出过杰出贡献，成为新的社群意见领袖，才有机会被社群管理层注意；同时，这种贡献应当具备持续性，表明自己有足够的知识储备和修养。对于这样的成员，社群管理层可以主动对其发起邀请，让其进入核心社群圈。没有得到邀请的成员，一律没有资格进入。这种看似有些"不近人情"的制度，却大大保障了核心社群的高端性。

所以这就是为什么，每当秋叶发布相关课程时，粉丝们都会主动进行购买，创造一个又一个销售奇迹。差异化的体系，让每一个会员都感受到："前方还有更大的挑战等着自己！"这时候，买方市场就转化为卖方市场——粉丝们的购买动力，让秋叶老师不得不持续发布。

这就是社群所带来的魅力。会员制的建立，将会彻底点燃网红粉丝们的激情，从而形成强大的变现能力！

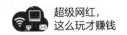
3.5
产品定制化：打造个性化
体验和唯一性标识

前文中，我们说到过 papi 酱所推出的专属魔兽 T 恤，并且在短时间内迅速售罄，这就是一次非常成功的产品定制尝试。不过，papi 酱的魔兽 T 恤只是一次试水，并没有形成社群文化体系，所以它还有所欠缺。

未来，由网红发起的"定制产品"，将会逐渐成为社群电商的主流模式之一。因为，定制化的产品，可以更加凸显网红的特点，并形成社群文化。就像罗永浩推出的锤子／坚果手机，尽管它是量产产品，但带有浓重的罗永浩个人情节，因此带有强烈的个性和文艺气质，受到文艺青年的一直追捧，打造出了独一无二的个性化和标识化标签。

罗永浩和他的锤子／坚果手机走出了自己的一条路，这给所有网红带来了一个启发：只有打造有自身特色的产品，形成定制化、个性化，才能实现独一无二的体验和标识，从而更加凝聚粉丝，实现变现。

3.5.1　T 恤：最有文化气质和个性的定制产品

papi 酱之所以选择用魔兽主题 T 恤进行定制产品的试水，就在于看到了 T 恤是最具文化气质、最符合个性体验的产品。文化衫的特点，在于 DIY 精神——可以将喜爱的口号、画面直接印制于衣服表面，是彰显自我、体现个性的重要渠道。几乎所有品牌，都推出过自己的定制 T 恤，部分限量版甚至成为了收藏品。

事实上，在 papi 酱推出主题 T 恤之前，早已有人尝试过 T 恤的粉丝定制服务。

2015 年 6 月，"腾讯新闻哥"在公众号预告：18:04 开始预售 T 恤。结果，仅在短短 1 小时内就预售破千件，险些刷爆第三方平台"优定制"平台服务器。只用一天的时间，这次文化衫的预售就完美结束。

相比较其他类社群荣誉型产品，社群文化衫的价格适中，人人都可以承担；同时，T 恤是外在穿着物，不像马克杯、笔记本的产品只能在封闭的个人空间展现，它能够让穿着者在公共场合迅速展现出自己的标签——定制化的 T 恤，总会在胸前等明显位置展示出 LOGO 或符号。就像 papi 酱推出的 T 恤，就很有自己的特点。

做好这三个细节，网红同样可以打造网红的专属 T 恤。

1. 让粉丝成为设计主体

网红的粉丝群体内，通常都会隐藏着一些设计、制图大神，所以，网红不妨将 T 恤的设计交给粉丝们去完成。这样做有几个好处，可以展示网红的特质，也可以体现粉丝追求，从而形成社群活动，如图 3-9 所示。设计达人制作画面，然后通过社群进行投票，让粉丝们选择最喜欢的那一款，这样，一款 T 恤既能体现网红本人的特质，也可以凸显粉丝群体的追求，

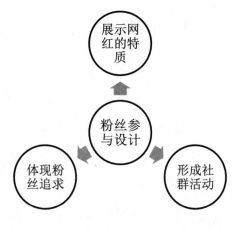

图 3-9　粉丝参与 T 恤设计的好处

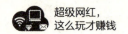
并形成一次完美的社群活动。

当然，对于这些设计达人，网红应当给予他们一定激励，更加调动"大神"的热情与积极性。

2. 结合众筹，体现情怀

众筹的好处毋庸置疑，而网红的定制化 T 恤，同样可以借助众筹的模式进行，实现定制生产的同时，更加形成社群活动。

对于定制 T 恤的众筹活动，一定要把握一个原则：体现情怀。

极简主义、理想主义、工艺信仰、工艺革命……一系列充满情怀的词汇，立刻让这场 T 恤众筹"格调满满"。这样的产品，会给粉丝带来强烈的冲击："这不是一件简单的 T 恤，而是承载着我们的精神追求！"情怀击中痛点，自然能够形成疯狂的粉丝风暴！

可以说，T 恤是最能打造个性化体验和唯一性标识的定制化产品，它不仅可以让网红本人的人气爆棚，同时形成直接的产品，打造出粉丝群体独一无二的个性标签。

3.5.2 情怀包装定制化产品

对于网红定制产品来说，当然不仅限于 T 恤这么单一。事实上，我们可以想到的商品，甚至包括服务，都能够实现"个性化体验"的目的。只是与简单的 T 恤相比，产品定制气质越是强烈，就越需要用情怀来包装。简单的LOGO，不能完整体现出个性化和唯一性标识。

例如，韩庚推出的粉丝专属手机，就开始进行更深层次的探索，将"韩庚"这个概念不断植入，从而形成从内至外的"情怀"标识。这样的定制化产品，才能真正吸引到粉丝的购买。这款名为"庚phone"的手机，与传统的智能手机制造模式不同，从外观、系统到应用，都有韩庚的亲自参与，

LOGO、专属铃音、闹钟、韩庚主题……无处不在的"韩庚情怀"，得到粉丝们的一致好评。

情怀，是支撑定制化产品的核心。就像罗永浩的手机系列，无一例外不凸显"情怀"二字。没有核心支撑理念，一个仅仅印着网红名字的产品，也许一开始会给人带来新鲜，但是很快就会让粉丝们感到失望——这不过是个噱头罢了！

无论哪个领域的网红，都要明白：在这个彰显个性的时代，在 70 后都渴望个性化体验的时代，如果不能将网红个人的情怀融入产品，不能以粉丝的需求为需求，那么就很难维持下去！

3.5.3 定制化产品的最佳途径：众筹

什么样的网红，吸引什么样的粉丝。未来的粉丝经济，将会逐渐改变单纯的代言模式，用网红的力量发起众筹，针对粉丝群体进行小众化、定制化的营销。

众筹这个词，近年来曝光频率不亚于网红。相比较传统的融资方式，众筹更为开放和精准，能否获得资金也不再是由项目的商业价值作为唯一标准。只要是网友喜欢的项目，都可以通过众筹方式获得项目启动的第一笔资金。尤其是当产品侧重于某个特定领域时，那么就会获得非常高的关注度，为更多小本经营或创作的人提供了无限的可能。

定制化、精准化，这是众筹的特质，满足了网红众筹的需求。对于粉丝来说，能够聚合在一起就在于"网红"，那么当网红推出自己的定制产品时，他们自然会蜂拥而至，认定网红推荐的、生产的产品，将非常符合自己的审美观、使用习惯和"格调"。

2016 年，一部电影吸引了很多人的关注，那就是《火锅青春》。

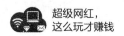

这部电影，由四川的六个高校团队创作，是典型的校园电影，并且
积极引入众筹模式，通过京东众筹、聚米众筹、苏宁众筹等平台进
行打造，借助"校花＋网红"的模式打造成一个青春校园影视题材
的大 IP。这部电影的主演，多数都是当地院校的"校花、校草"，
堪称校园网红的代表。凭借着她们的高人气，以及对于学生群体的
定制化打造，众筹非常成功，迅速实现了既定目标，如图 3-10 所示。

图 3-10　《火锅青春》的众筹界面

《火锅青春》借助校园网红的影响力成功众筹，给网红行业带来了全新
的思路。虽然从目前来看，网红的"粉丝众筹"都在试水阶段，还没有被广
泛应用，但《火锅青春》的成功，宣布了这种模式的大幕已经拉开。通过众筹，
网红、粉丝、产品被组合在了一起，并且呈现出更个性的体验，形成唯一标识。
所以，在未来，网红的众筹行动必然会成为主题产品开发的主要模式。

3.6

活动丰富化：线上线下
互动打通，塑造真实场景

网红电商的运营核心，在于社群。而社群的运营，则在于"真实场景"。"无场景，不社群"，这是社群经济的经典名言，决定了社群发展的规模和变现能力。所以，对于场景的建设，网红应当不遗余力地参与其中。

那么，怎样才能创造出最真实的场景？毫无疑问，就是活动。无论线上活动还是线下活动，一旦点燃所有粉丝的激情，就会形成庞大的规模，从活动发起、组织再到线下的场地协调等，都会由社群粉丝们共同完成。尤其是大型线上线下活动，不仅会提升粉丝的参与感，更带来极高的荣誉感与"格调"！

3.6.1 活动更丰富

组织活动的目的，在于让场景更加丰富和精准。纵观一线网红，除了日常的内容发布外，都曾举行过热闹的粉丝活动会，例如张大奕的"淘宝直播秀"和谷大白话的"线下座谈会"。通过这种结合线上、线下的活动，他们与粉丝的距离进一步拉近，让自身的形象更为立体。

即便一向从不真实出镜的网红"回忆专用小马甲"，也曾举办过直播秀，如图 3-11 所示。这些网红及团队越来越意识到这样一个道理：单纯的视频直播或微博互动，只能吸引到粉丝们的喜爱，这是初级的；只有更近距离的

活动，才能让喜爱升华为"爱"。

图 3-11　网红"回忆小马甲（马建国）"社群直播活动

那么，对于这样的活动，该如何精准举办，从而吸引大量粉丝？

1. 明确活动主题

首先，网红和团队必须确定好活动主题是什么，可以让粉丝快速了解这次活动的内容。主题不能击中社群用户的痛点，即便准备得再完善也是完全无效的。

2. 确认嘉宾名单

对于社群而言，活动的嘉宾最好可以由社群粉丝组成。网红提前在微博发出"嘉宾邀请函"，设定一定规则，最终通过的粉丝可以成为本次活动嘉宾，这会立刻点燃社群粉丝的参与欲望。

3. 发布预告，强调规则

主题、嘉宾以及活动时间确定之后，网红团队、社群应当借助微博、微信、QQ 等进行预告发布，同时鼓励粉丝积极转发。同时，社群管理员必须每天在社群内发布"倒计时还有 ×× 天"预告，以此营造出"备战氛围"。在这种气氛的影响下，绝大多数的社群用户都会潜意识里告诉自己：这次活动绝对不可错过！

进行倒计时预告的同时，管理员还应当强调规则：什么时候是提问时间，哪些情况尽量不要插话，遇到问题可以先和管理员沟通等。这样才能保障活动的节奏，不至于被不断的发问打乱。如果有成员过分违规，可以第一时间采取"临时禁言"的方法，保证气氛不被破坏。

3.6.2　线下活动的真实场景：形成直接购买力

在粉丝的眼中，网红是什么？是男神、是女神，是精神世界的一个寄托。所以，即便互联网再发达，却依旧隔着一道"玻璃"——可以进行点对点的交流，却始终隔着一个电脑屏幕或手机屏幕，始终不是近距离的直接接触。所以，在很多网红的微博下，我们都可以看到粉丝的这种留言："什么时候举办见面会？我第一个报名！"

互联网创造出了一个又一个丰富的场景，但它始终带有一定虚拟成分；只有进行面对面的交流，才能打造出最具真实氛围的场景。尤其是对于渴望利用电商进行变现的网红而言，当你真实地出现在粉丝面前之时，将自己的理念传达给粉丝，他们才能更加理解你的思维，愿意接受你的推荐和品牌。

这就是为什么，作为"企业家网红"的雷军，会穿着经典的"凡客三件套"出现在发布会上。他要用自己的魅力，给喜欢的品牌站台，让粉丝热情转变为直接购买力。

同样，这种模式在吴晓波的身上也有这突出体现。吴晓波频道上线后，仅仅一年时间微信公号的粉丝就达到 100 万人，随后又不断形成新的社群小组。而为了将自己的理念更好地传达给粉丝，吴晓波团队会定期举办线下活

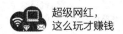
动，不同主题、不同标签，数量达到了每年300场。而吴晓波本人也会出席很多现场活动，并与粉丝们进行近距离的互动。

凭借着这种模式，吴晓波的自媒体变现是最为成熟的，图书、会员顺利变现，甚至还推出了自己的专属品牌酒，同样获得了很好的销量。

举办线下活动的意义，就在于直接与粉丝进行互动交流，同时将某一个精准兴趣点不断扩散和深化。例如，第一次的线下见面会是图书分享，那么前来参与的粉丝必然是爱读书、爱思考的人。通过与网红的近距离接触，他们对于阅读有了更深的认识；第二次的线下见面会是K歌，那么娱乐达人们必然蜂拥而至。通过这种线下聚会，网红创造出了截然不同的场景，它更真实，更具互动性，因此会形成更强大的变现能力。

这就是为什么，这种线下活动已经越来越成为主流。如小米、魅族、锤子手机，每年都会举办同城会、观影会等活动，给品牌带来了积极的传播效果。

3.7
平台多样化：让粉丝在每个 角落都能看到你的影子

"多平台，大 IP"，这是大 IP 时代的一句经典名言。要想形成大 IP，就必须拓展视野，形成多平台运作。正如 2016 年大火的网络剧《余罪》，从网络小说出发，吸引了第一批粉丝；随后网络剧火热登场，进一步点燃网友热度；同时，微博、微信平台多角度开发，如图 3-12 所示，形成了多平台互动的模式，创造出了 2016 年的一个互联网神话。

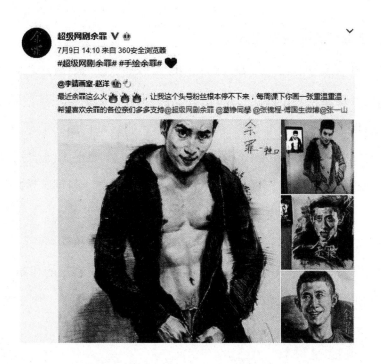

图 3-12 《余罪》的多平台互动

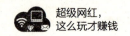
网红的未来，同样主打"IP价值"，所以，平台多样化运作不可或缺。唯有平台多样，才能让粉丝在互联网的每个角落都找到网红。就像papi酱，她从微博平台发迹，随后开通微信公众号，继而迅速进军直播平台，开设淘宝店铺，很快形成了多平台、多角度的模式。这种模式，让网红的形象更为饱满，吸引着不同的粉丝。将所有主流平台一网打尽，做到有文有图有视频，这样才能形成更为强大的变现能力。

那么，对于不同的平台，网红应当有怎样的侧重？

3.7.1 微信平台：公众、群聊必不可少

微信是如今最常用的即时通信工具，尤其微信公众平台和群聊组，会形成非常好的社群生态环境。所以，对于微信平台，网红要做好以下这两个方向。

1. 公众平台主推深度好文

微信的公众平台没有字数限制，同时可以插入视频、音频、图片等，形成丰富的多媒体形态，因此它很适合推送深度好文。例如，对于淘品牌网红来说，在信息推送时，不妨做一个重点推荐，将这款产品的信息一一解读，例如品牌知名度、市场热度、口碑度、实用度等。尤其是对于创意手工类产品，来一个"制作图解秀"，将制作过程以图解的方式一一呈现，这将会更加具有可信度，从而增加用户的青睐度。

同时，网红不要忽略对于排版的把控。目前互联网有很多第三方微信排版平台，可以制作非常精美的微信公号内容，这是不可或缺的利器。图3-13为某排版平台界面。

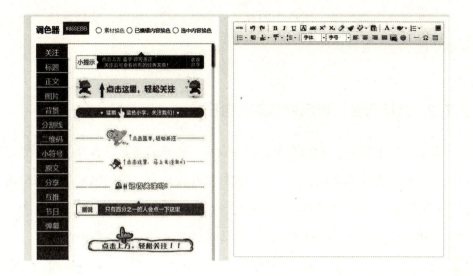

图 3-13　第三方的微信内容编辑器

2. 建立群聊组，进行不断互动

微信群聊，同样是非常重要的圈子。群聊组可以形成更为紧凑的"社交闭合圈"，将话题集中于某个特定的领域，引导粉丝进行交流。而网红如果可以适时加入，必然会给粉丝留下"有血有肉"的印象。

刘小姐是一家网站的签约作者，随着人气的不断提升，她建立了自己的微信群。每天，她都会进入群聊组，和自己的粉丝们谈天说地。因为刘小姐的文章主打情感生活，所以有很多粉丝直接咨询她相关问题。对于此，刘小姐会根据自己的分析，帮助她们走出困境。久而久之，越来愈多的粉丝感激刘小姐，邀请了不少好友进入群组。而刘小姐通过这种互动，又进一步吸收了各种故事，给创作带来了非常好的素材。后来，她在粉丝们的建议下，还开设了自己的微店，给粉丝们提供各种化妆品等。不到半年，她的微店就成为了明星店铺。

与粉丝的距离越近，所产生的互动效果就越强。所以，玩转微信平台，也能形成很好的变现渠道。

3.7.2　微博平台：展示更真实的自己

与微信平台相比，微博平台的快速发言、公开阅读更符合社交平台的定位。而我们所熟知的网红，几乎无一例外都开设了自己的微博账号，与粉丝进行广泛互动。微博的转发、评论机制，是目前国内社交平台最为出色的，并且它主打自由、简短的模式，所以这是网红绝对不可错过的平台。

如图3-14所示，张琪格是视频直播平台斗鱼TV的当红女主播，关注度达到了百万级别。但是，她没有将自己的社交活动局限于斗鱼TV，在微博平台同样形成了高频互动，并与直播平台形成良性互补。

图3-14　网红张琪格的微博发布

在直播平台，张琪格的内容主要以才艺、游戏为主，但在微博平台，她的主要传播内容更侧重于生活领域，透露出自己的生活点滴。微博的特点就在于"随时随地分享新鲜事"，所以快速发布自己的生活细节，更容易让粉丝有共鸣。直播平台主打特色，微博平台主打生活，从而呈现出更自我的状态，生活化场景跃然于纸上。

3.7.3 直播平台：谈谈情，聊聊天，给粉丝送惊喜

直播平台对于网红的意义毋庸置疑，可以说，拒绝直播平台，就等于拒绝网红。尽管部分自媒体网红的主要阵地在于微博和微信，但这不等于进入直播平台就是"卖弄风骚"。事实上，直播平台可以让自己的形象不再平面化，形成更具现实感的立体形象，倘若定期举办，会给粉丝带来截然不同的体验。

例如同道大叔，他就是典型的自媒体网红，主要活跃于微博。但就在 2016 年 5 月，他突然进入某直播平台，带着头套与网友进行互动，并面对面地教大家如何吐槽 12 星座。结果直播第一天，同道大叔就在视频直播间成功吸引了超过 24 万名粉丝围观，并获得超过 2.5 万名粉丝的关注。

直播平台的特点在于什么？可以与粉丝进行直接视频交流，这是单纯的微博文字所不能比拟的。同时，直播平台的弹幕模式，给直播过程带来了更多的机动特点，网红可以根据粉丝的内容随时创造出有趣的内容。所以，直播会形成更具趣味感的场景。

甚至，如果网红本人可以出其不意地在直播时"露一手"，例如展示音乐才艺等，这无疑是粉丝们的"大福利"。这些内容，都是微博、微信平台所不容易呈现的，形成更具生活化的形象，与其他平台优势互补。

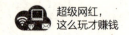
3.7.4　其他平台

微博、微信、直播，三大平台，构成了网红与粉丝互动的主要阵地。做好这三个平台，就可以实现全平台互动的目的。而除此之外，还有一些社交平台同样不可或缺，它们会给粉丝带来不一样的体验。

1. 百度贴吧

百度贴吧作为全球最大的中文社区，尤其在年轻人群体中具有非常大的号召力，尤其是李毅吧、WOW 吧等，集合了上千万的粉丝。百度贴吧是重要的社群运营平台，由网友自主运营。尽管网红对于贴吧不具备直接管理权，但因为人气极高，所以也应当定期走进贴吧，与网友进行互动。当然，登录贴吧之前，要尽可能在微博、微信等做出预告，这样才能引起粉丝关注。

2. 知乎

知乎作为近年崛起的知识分享类平台，在主打"内容为王"的基础上，同时积极拓展社交的应用。尤其对于自媒体网红来说，不时登录知乎，根据网友的问题做出精准回答，同样可以展现微博世界以外的形象。尤其当回答的内容与自身定位相符之时，更容易赢得粉丝的喜爱。如梁欢、张佳玮等，都是这类网红的典范。

3. 音频类 APP 平台

音频类 APP 同样具备较高的人气，如喜马拉雅电台、网易主播频道等。对于音频类平台，网红可以分享一些能够打动人心的小文章、小故事等，做到以情感打动人。

除了这三个平台，其他如论坛、微博群等，也都是具备一定人气的粉丝集中地。所以，网红应当不时登录这些平台，与三大主阵地形成交叉互动，这样无论在哪里，粉丝们都可以看到你的影子！

3.8
学习与成长：线上线下
讲演，与粉丝一起成长

互联网时代，有一个现象是谁也不能忽视的：喜新厌旧。移动互联网独有的便捷化和碎片化特质，让网友每天接收到数以万计的信息，无论微博、微信还是 QQ，只要打开软件，铺天盖地的内容就会袭来。

巨大的碎片化信息，让网友"喜新厌旧"的特点进一步放大。这就是为什么，有的网红尽管有才艺、有颜值，但短短一个多月后粉丝们就选择"移情别恋"——网红总是用一种姿态出现在粉丝的面前，久而久之，粉丝不免感到乏味。

所以，对于网红来说，必须学会成长，与日益挑剔的粉丝们共同成长。

3.8.1　学习，网红永远不能停歇的脚步

网红很红，这一点毋庸置疑；网红很赚钱，这一点同样形成了共识。正是因为"名与利"，所以网红成为了全新的互联网焦点，更吸引着成千上万的年轻人蜂拥而至。

但是，网红界同样很残酷。每天都会有无数新人涌入，"长江后浪推前浪，前浪死在沙滩上"，想要保住自己的人气和地位，就必须不断充实自我，不断学习，不断探索新的领域，从而给粉丝们带来源源不断的新鲜感。

为什么作为最早一批的网红，罗永浩可以始终保持着超高的人气？看看

他的经历便一目了然,如图 3-15 所示。

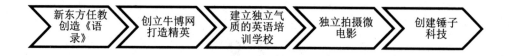

图 3-15　罗永浩的经历

从新东方任教创造《语录》出发,到创立牛博网打造精英,再到独立气质的英语培训学校、独立拍摄微电影、创建锤子科技,罗永浩始终没有停止学习和探索的脚步,这是他最突出的特质。没有人知道,罗永浩明天还会做出怎样的挑战。但他的粉丝们都明白,对于这个敢想敢干的网红,他一定还会进军全新领域,敢于去学习,给粉丝带来惊喜。所以,罗永浩从 2005 年开始创造的人气,时至今日不仅没有减少,反而不断呈现增长的态势,这种"长寿型网红",在中国互联网发展历史上确实为数不多。

另一位网红梁欢,同样也通过不断地学习,成为了网红界不可忽视的新人。从最初的篮球评论员到音乐评论员,再到纪录片导演、脱口秀主持人、音乐人,梁欢与罗永浩的发展之路颇为相似,都是通过不断地学习充实自我,一次又一次地精准转型,因此他们的商业价值潜力无限。所以,对于任何一名网红来说,无论此刻具有多高的人气,倘若就此不再学习进步,那么很容易被粉丝们所抛弃。在移动互联网时代,喜新厌旧是最冷酷的规则,谁也不可能逃避。

3.8.2　线下演讲:与粉丝近距离接触提升认知

进入 2016 年之后,我们会发现,网红界进入了一个频繁开展线下活动的高峰期。尤其是线下演讲,成为了越来越多的网红的选择。如谷大白话(见图 3-16)、梁欢、罗永浩等,都开展了一系列的线下演讲会,从互联网直接走进了粉丝们的现实生活。

从社群建设的角度来说，举办线下演讲会的目的在于丰富活动形态，创造全新场景，维护粉丝关系；但更重要的，则是通过真实的面对面交流，网红得到最为直接、精准的粉丝反馈，从而了解到粉丝的心态变化，进一步提升自我。这种模式，会比单纯的线上互动、投票更有效果，给网红带来强烈的思维冲击。

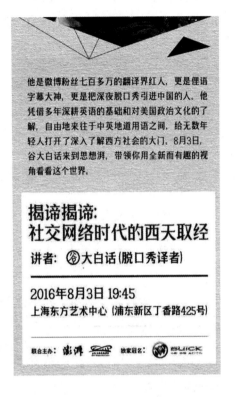

图 3-16　谷大白话的线下演讲

在线下演讲会上，通常都会有一个"粉丝提问"的互动环节，这些问题，多数都是粉丝们深思熟虑的，它不同于互联网上碎片化的留言，更为正式和深度，因此网红必须同样深思熟虑后进行回答，并找到粉丝们新的需求变化。

例如，对一名直播网红来说，当粉丝提问："单纯的这种直播模式，是否您本人也感到了疲倦？如果有一天我们对您的歌声已经感到了疲倦，各种经典歌曲我们都已经听过，这个时候您会做怎样的选择？是离开直播平台选择普通人的生活，还是会给我们带来不一样的改变？"

再例如，对一名自媒体网红来说，当粉丝提问："您的很多文章我都非常喜欢，但其中有一些观点我并不是完全认同。您是否可以建立一个反馈机制，可以让我们进行讨论，而您也能加入我们讨论？我想，您愿意看到粉丝们的成长，看到不同的意见，这对于您来说也是非常有帮助的！"

这样的提问回答，因为通过面对面的线下渠道进行，所以会给网红带来更强烈的冲击感，是移动互联网碎片信息不能比拟的。而通过这种线下演讲和问答，网红就可以发现粉丝的真实内心，发现自己的不足，从而做出调整。要明白，愿意参加线下演讲的粉丝，都是网红的"死忠粉"，他们的意见才是最宝贵的！

3.8.3 关注粉丝动态，不断调整自身定位

无论社群建设多么完整，粉丝始终处于不断变化之中。例如，对于主打青春时尚的网红来说，当老的粉丝成为人母、成为人父之后，活跃度势必下降；新的粉丝进入社群，带来了与老粉丝们截然不同的气质，让粉丝群体形成了全新的社群文化。这种变化，不以网红本人的主观想法为基准，它是互联网文化发展的必经过程。

粉丝的更新换代，给网红提出了全新的要求：必须洞悉粉丝动态，从而不断调整自身定位，让新的活跃分子感到亲切，这同样是网红必须面对的成长之路。

所以，哪怕是"高冷气质"的网红，也必须定期进入粉丝社群，看一看粉丝们到底在说着怎样的话题，聊着怎样的人生。贴吧、QQ群、微博粉丝群等，这都是了解信息的最佳渠道。就像当粉丝们说起"魔力红乐队"之时，网红却毫不了解，依旧停留在"酷玩乐队"的时代，那么怎么可能对新粉丝们产生巨大的吸引力？与时俱进，不断捕捉粉丝的变化，在保持特色的基础上调整自身定位，这样的网红才能始终保持人气，保持活力！

Part 4

网红 + 粉丝 + 社群：如何锻造网红产业链

无社群，不粉丝。伴随着网红经济走俏的，是社群经济。网红与社群有着天然的契合：依靠个人魅力聚合粉丝，形成社交群体网络，让网红经济形成产业链和体系化。社群对于网红有着至关重要的作用，做好社群文化，网红变现水到渠成！

4.1
网红买手制购物模式：
提升供应链效率

"买手制"这个词多年前就已诞生，但直到网红时代到来后，这种全新的购物方式才真正大行其道。

什么是网红买手制购物模式？最简单的理解就是：网红作为意见领袖，通过自身对于潮流的判断力直接与品牌方合作，向粉丝推送经过筛选的产品，从而一举提升供应链生产效率，缓解高库存、资金周转慢等问题。人气颇高的网红，基本上都采用过这种模式来实现自身价值。

甚至，网红领域已经出现了一种"全职网红买手"，他们所发布的内容与自媒体网红类似，多以评测推荐为主，并且经常自己参加发布会，将新鲜的潮流资讯传递给粉丝。有时候，粉丝还会主动让他们帮助代购，从而形成了全新的购物模式。

为什么，网红时代会形成这样的买手制度？作为网红，又该如何打造这一产业链？

4.1.1 创造新的引流通道

传统的品牌销售，通常会在某个电商网站首页发布图片链接，配合一定的宣传文案。这种模式尽管直观，但依旧是传统意义上的广告，对目标客户群来说依旧充满距离和冰冷感，购买转换率较低。

　　而网红的出现，给电商品牌带来了截然不同的引流模式。网红的价值，就在于社群粉丝。围绕着社群粉丝做文章，很容易直接打通销售渠道，让销售变得更精准，大幅提升转化率。因为，粉丝们之所以关注网红，就在于网红是各个领域的达人，他们所推荐的专业领域产品，往往更靠谱，更容易被接受。这其中，尤其在游戏领域和化妆品领域最为明显。游戏达人所推荐的硬件、美女网红所推荐的化妆品，会让粉丝们意识到：倘若自己购买使用，也能达到网红的水准！所以，这种转化率比单纯的广告更高。

　　如图 4-1 所示，王千惠作为人气颇高的时尚网红，她选择与自己气质相符的品牌进行推送，因此很容易让粉丝转化为直接购买力。

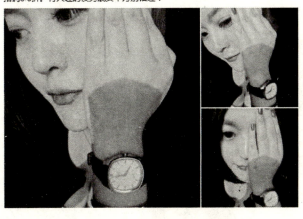

图 4-1　网红王千惠的买手引流

　　这就是网红时代买手制度得到快速发展的原因：在社交平台上，粉丝与网红都能够积极互动，网红对于粉丝的影响力是非常巨大的。所以，越来越多的品牌愿意与网红建立这样的合作模式，借助网红的社群粉丝实现直接销售，从而逐渐降低传统广告的投放。

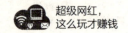

4.1.2 做好网红买手制的核心：亲自上阵

要做好网红买手制购物模式，不是简单地在社交平台发布一条信息推送，这只会给粉丝留下"这是广告"的印象；最重要的，是亲自上阵。正如图4-1中的王千惠，亲自佩戴推广的手表出镜，这样才能真正将产品的气质凸显出来，给粉丝留下深刻的印象。

除此之外，以下这几个细节，同样是不可或缺的。

1. 创造场景

亲自出镜的目的，就是为了"有图有视频有真相"。这种出镜，不是刻意的摆拍，而是让产品融入自己的生活之中，形成真实场景。例如一款手表，它适合哪些场合，有怎样的风格，网红必须创造不同的场景让粉丝们理解产品的定位和特点，这样才能真正提升供应链效率。再如，直接推送的是微整形产品，那么就必须拍摄相关的照片或视频，表现出真实感，图4-2是网红刘娅希的微博直推。

 刘娅希是考拉 V
10月14日 20:00 来自 iPhone 6s
直播时候说要好好保养皮肤我是认真的前天又去@BBskin微整形 那儿做了无痛水光，然后皮肤状态超级好呀，刚做完会有点红不过一两天就好了，之后皮肤简直就像开了无敌美颜模式

图 4-2　网红刘娅希的微博展示

2. 符合定位

网红有自己的定位，所吸引的社群粉丝，必然与自己有着相似的兴趣爱好。所以，在做买手推荐时，产品必须与自身定位相符。例如同道大叔是星座领域的网红，那么他突然推荐一款专业级的音箱，会有粉丝买账吗？推荐与自身定位相符的品牌产品，才能形成话题热度。网红买手制购物模式的精髓，在于"分享"——借助社交平台，把自己的理念和使用的产品分享给周边有着共同兴趣的人。

3. 不是广告，而是体验

尽管买手制购物模式依然是广告的一种体现，但它并不是赤裸裸的"冰冷"广告。所以在推送时，网红必须进行相关文案撰写，尽可能贴近自己的角度，用真实的体验进行传播。对于自己来说，产品的特点是什么，凸显出了自己的哪些优势，尽可能从自身出发，这样才会让粉丝们感到真实可信。在社群文化大行其道的今天，单纯的广告文案只能让人感到乏味和机械！

4.2
网红销售模式：巨量"吸粉"，
打开品牌商流量通道

网红与品牌的合作，最关键在于"吸粉引流"。所谓吸粉引流，就是指通过网红的社交平台推介，粉丝们通过链接等渠道进入品牌网站、销售平台，从而实现销售的精准化。因此，网红必须对社群粉丝发起一轮又一轮的内容推送，从而打开品牌商流量通道。

4.2.1　购买链接的直接推送：有情怀有惊喜

最为高效、便捷的"吸粉"引流模式，就是在社交平台进行链接的直接推送。对于微博尤其可行，因为它与阿里巴巴构建对接模式，所以淘宝链接能够直观显示、一键到达，从而形成最便捷的流量变现。图4-3为网红摄影师金浩森的淘宝直接推送。

通过对社群粉丝的直接信息推送，微博平台就能够形成"吸粉"引流渠道，实现对淘宝店铺的购买引流。而想要借用好这一点，还必须做好以下这两个细节。

1. 有情怀

对社群粉丝的推送，不能只是简单的链接，而是应当说明这款产品的特点，自己有着怎样的使用体验。只有植入情怀，让粉丝们感受到这款产品的温度，他们才愿意点击链接。

金浩森 V

故事能有多少种表达？这些年，我和@MOON文子 用镜头记录着青春与孤独。上个月，我们受邀在台湾办了自己的摄影展，上周，我们印刷了这套中国摄影双人组创作首展作品主题明信片，并为此拍了这条概念视频：■秒拍视频 转发此微博，并@三位好友，我送两套签名版。淘宝链接：http://t.cn/RcrGUUC ... 展开全文∨

9月30日11:00 来自 微博 weibo.com

| 收藏 | 转发2313 | 评论702 | 👍10769 |

图 4-3　网红摄影师金浩森的淘宝直接推送

2. 有惊喜

品牌方之所以选择网红进行"吸粉"引流，就是看到了网红身上的社群粉丝价值。所以，针对网红的推送，品牌方应当制定专属的价格折扣或周边服务等，让粉丝们感受到惊喜，他们就会产生一种"这款产品就是为我而搞活动的"情感，效果更为明显。

4.2.2　深度评测：用专业帮助品牌"吸粉"

购买链接推送尽管能够形成直接变现渠道，但是这种模式太过生硬，具有明显的广告气质，所以对于主打深度自媒体的网红来说，有时候并不能起到很好的效果，反而会引起粉丝们的反感。

那么，对于有追求、有品味的社群粉丝来说，怎样的引流，最能帮助品牌进行"吸粉"？最有效的方式，就是根据自身定位撰写品牌产品的深度评测文章，用专业的态度告诉粉丝们：这款产品究竟好在哪里、适合怎样的人群、它的优缺点是什么。将产品进行 360° 的挖掘，给粉丝带来最专业和权威的

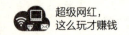
分析，这样才会让粉丝折服，从而主动关注这个品牌。

越专业，越可信；越深度，越形象。对于细分领域的网红来说，多数都在某个行业具有丰富的知识储备，而粉丝之所以关注他，就是因为这份专业。所以，多利用自身的专业知识进行深度评测，这会帮助品牌吸引到真正热爱产品的粉丝，而不是昙花一现的热闹与喧嚣。

4.2.3　让产品进入社群场景

购买链接、深度评测，这两种模式主打的是"短平快"，即短时间内帮助品牌形成销售模式，实现巨量吸粉；而想要让产品形成长尾效应，那么品牌就必须与网红进行深度合作，让产品进入社群场景，成为构成场景不可或缺的一个环节，这时候会形成更为持续性的"吸粉"和销售效果。

例如对于直播网红来说，某品牌的个性水杯摆在主播的面前，主播在直播过程中不时拿起来喝水，久而久之粉丝们必然会关注到这个产品。倘若这个水杯的造型独特，甚至直接带有网红本人的 LOGO 或漫画形象，那么粉丝就会进行咨询："这款水杯是什么牌子？""这款水杯如何购买？""能不能印制自己的设计？"

水杯成为了网红直播时必需的场景构造，这样品牌流量自然被打开，并且会形成长期"吸粉"的效果。所以，尽可能让产品进入网红的生活，形成场景化吸引社群粉丝们的注意，这种"吸粉"策略是最精准、最有噱头、最能打动粉丝的。

4.3

网红社群模式：移动社交平台取代电商平台

社群这个词虽然被越炒越热，但事实上这个概念早在多年前就已形成。但受限于 PC 端的便携度较低，移动互联网尚未蓬勃发展，因此它的运营并没有成功。而随着移动互联网时代的到来，手机功能越发强大，流量套餐不断降价，社群模式的价值才真正被凸显。

尤其在网红经济时代，凭借着网红个人的超强影响力，传统的电商模式开始被颠覆。移动社交的运营，已经越来越成为互联网经济的主流。

4.3.1 告别电商，用社交平台运营商业

在过去，网红的商业运营主要依托电商平台，尤其以淘宝为主。淘宝公告、淘宝论坛，这都是曾经火爆一时的营销平台。但社群时代，这种运营模式已经完全被淘汰，更具互动性、传播更精准、服务更完善的社交平台，成为了运营的主要模式，如图 4-4 所示。

移动社交平台所凸显的三大特质，颠覆了电商平台过于单一、广告气质过

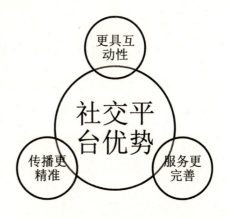

图 4-4　移动社交平台的优势

浓的弊端。而根据这三个特点,在进行社交运营之时,网红也必须有所注意。

1. 根据粉丝的特点进行精准投放

无论自媒体网红还是直播网红,在进行营销变现之时,首先要分析社群粉丝具有怎样的特点,他们喜欢的是什么。时尚类网红,社群文化必然充满潮流感、时尚感,所以所推介的产品和服务,应当具备潮流魅力,如时尚女装、具有小资情怀的咖啡馆等。精准粉丝需求,是社群运营的第一原则。

2. 用互动进行社群建设和变现

过去的淘宝店主,产品上新主要在淘宝平台进行,但社群时代,新品预告、新品展示等应当多借助社交平台。因为,社交平台才具备交流互动的意义,第一时间让粉丝们通过社交平台进行讨论和分享,让产品成为话题,这比单纯的上架更能营造社群场景文化。例如,张大奕这样的顶级淘宝网红,早已借助社交平台进行产品销售,用情感进行营销,创造不一样的社群文化。

更活泼,更具情怀,更能呈现场景模式,这是互动所带来的营销新策略。所以,多借助社交平台的互动效果进行社群建设和变现,会达到事半功倍的效果。

3. 让服务场景化,更加吸引粉丝

正是因为社交平台的互动性,网红应当多多借鉴,例如注重店铺说明、售后服务等。让服务形成社交化,就能杜绝传统服务的冰冷感,同时植入更多的互联网文化气息。社群粉丝喜欢的是带有温度的网红,带有温度的服务,当这种需求在移动社交平台得到淋漓尽致的展现时,他们又怎么会拒绝网红,拒绝变现?

无论对于品牌文化的阐述还是售后服务的及时提供,都应当主要在社交平台展开,在给服务增添网红个人特色的同时,也让服务形成一次传播,形

成社群话题，这种优势是单纯的电商平台完全不能企及的。

4.3.2 社群运营的核心：情感

社群，不是一种固定的模式。无论微博、微信、贴吧、QQ 群，都能建立起社群组织。影响力较小时，可以以微博和 QQ 群为主；影响力越来越大之时，则应当进行全平台操作，尽可能辐射到每一个细分社群的粉丝们。

不管处于哪个阶段，社群的维护都是必要的。运营社群的核心就在于两个字：情感。

很多人都能想到，利用红包模式可以极大刺激社群的活跃度，但这仅仅只是初级手段；举办各种线上线下活动，让粉丝们感受到网红的温暖，感受到有价值的话题和内容推送，才能让社群粉丝凝聚在一起。

例如，对于直播，网红应当在展示自我的时候，不时提到社群里的那些红人，积极回答粉丝们的问题，让他们感受到网红与社群是牢牢组合在一起的。问答互动、深夜聊天、打赏等即时的互动形式，都会体现出网红的情感，"陪伴性质"迎合了粉丝们的情感缺失。

再例如，网红应当定期发起线下活动，直接走到粉丝的身边，与他们一起享受快乐。生日会、主题大趴、线下演讲等，这些都能以情感的形式在社群中传递。

给予社群情感，粉丝才能被感动；给予社群粉丝真正的需要，他们才愿意信任网红。粉丝接受网红的推荐进行商品购买，源动力就在于和网红的审美一致，信任网红。所以，想要通过社群进行变现，就应该让情感成为打动粉丝的纽带！

4.4
内容型网红：以精准内容
改变粉丝信息获取方式

什么是内容型网红？顾名思义，就是可以不断创造内容输出类型的网红，如 papi 酱、同道大叔、梁欢、耳帝等，都是这种类型的典范。他们凭借着丰富的知识储备，将其进行互联网化的改造，然后推荐给粉丝群体。这种类型的网红通常会在某个细分领域具有很深的研究，人气极高。

内容型网红已经成为了一种媒体：可以不断输出精彩内容，从而彻底改变粉丝们获取信息的方式。关注了这样的网红，就意味着能够汲取更多信息，从而提升自我。

这同样也是内容型网红立足的根本。唯有以精准内容不断输送，才能创造极高的人气。那么，网红该如何做好这一点？同时，网红又该如何借助社群的力量，让这种模式进一步发扬光大？

4.4.1　不断的话题输出引导思考

对于社群来说，网红是什么？

他是精神象征——所有成员都以他为努力的目标；

他是动力象征——凭借自己的影响力，不断向社群输出价值观；

他是榜样象征——一举一动都会引起社群话题，并不断激发社群成员进行同样的思考。

看看同道大叔、梁欢等，他们给粉丝制造快乐的同时，还会不断给粉丝带来思考——什么样的星座，有什么样的特点？什么样的音乐，才是真正的好音乐？他们在用自己的行动，不断进行着内容的输出。

简而言之，网红不仅应当是偶像，更应当是内容生成器。就像很多网红团队都渴望打造出如罗辑思维一样的社群体系，但却始终不得要领。因为他们并没有意识到这一点：罗振宇的价值，不仅在于语音推送和视频节目上线，而是抛出一个又一个思考，让粉丝们参与讨论。

所以，无论哪一种类型的网红，除了通过社交平台展示自我的同时，更需要走进社群，分享自己的思考，在传播话题的同时，可以引发社群成员进行讨论。图 4-5 为耳帝的微博引导。否则，粉丝只是单方向的接收，久而久之就会感到疲倦，认为网红与自己充满了距离，甚至认定网红根本不关心自己！

图 4-5　耳帝在微博的粉丝引导

对于内容型网红而言，在传播的同时引导思考，这样社群才能形成更好的互动模式。网红输出的内容，会引发社群成员的广泛讨论，从而产生新话题的裂变，这个时候网红适时加入讨论，就会形成一个良性的循环圈，如图 4-6 所示。

做到这样的循环，社群才能始终呈现出蓬勃发展的态势。对于大型社群而言，还会有一定的社群意见领袖存在，他们同样应当加入发展环节之中，将网红所带来的思考进一步细化和完善。当社群呈现出"广泛讨论"

的态势之时，社群多元化生态体系就此形成，进一步激发社群的动力和活跃度。

当然，单凭网红一个人完成这些工作，显然有些强人所难。所以，网红更应当完善社群体系，形成"网红＋多位社群领袖＋众多活跃分子＋官方引导"的模式，这样才能让话题不断细化、裂变。例如，当网红分享了一款耳机之时，那么不同的社群小组领袖，可以从不同角度引导粉丝们进行讨论和分析，让更多的社群场景就此形成，粉丝的参与热度也就会更高。

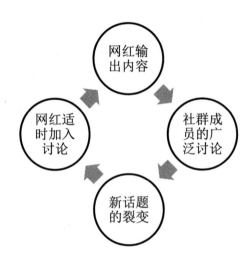

图 4-6　网红社输出内容形成良性循环

4.4.2　输出更具价值的稀缺内容

对于信息的传播，绝大多数网红都会不留余力。翻看耳帝、同道大叔等知名网红的微博就能发现，无论音乐主题、星座主题，都构成主要信息传播内容，给粉丝带来了丰富的精准内容。

但是，仅仅如此是不够的。与社群文化相符、社群成员感兴趣、社会热点、行业热点……这些内容当然可以激发社群用户的讨论欲望，但因为这些话题通常粉丝们较为熟悉，因此很难形成更深层次的讨论。

从某种意义上来说，对于常规信息的输出，只是网红的日常维护工作。真正可以激活讨论兴趣的话题，恰恰是建立在社群兴趣基础之上的稀缺内容。正所谓"最熟悉的陌生话题"，才更有讨论的价值，更利于思维的发散。

什么样的内容，才能称得上是稀缺内容？

对于由 3C 数码红人而产生的手机社群，如何借助手机完成家庭娱乐中心的设置，一部手机管理电视、电脑，这是非常具备讨论价值的内容；

对于 PPT 类职业技能提升红人而产生的社群，如何借助 PPT 的功能，实现办公展示一体化，如音频、视频、思维导图的同步展现，这是非常具备讨论价值的内容；

对于由户外红人产生的社群，在哪一条骑行的路上，会有让人眼前一亮的景点，或是流连忘返的餐饮小吃街，这是非常具备讨论价值的内容；

对于读书、情感红人而产生的社群，一起分享哪一本书的影视改编最成功、最贴近原著，哪些音乐最适合《百年孤独》时的阅读氛围，这是非常具备讨论价值的内容。

……

可以看到，这些内容首先贴近网红的气质，在正确的范围内进行探索，符合社群的文化背景和粉丝的认知习惯；但与此同时，它又突破了社群内的传统信息。例如音乐和阅读，这本身是两个不同的领域，但借助合理的思维引导，它们形成了一个整体，变得更具趣味。

这用互联网的一个词来形容，那就是"脑洞大开"。所谓脑洞大开，就是让思维突破规则和惯性，却又没有完全脱离过去的框架。因此，这样的内容会更新鲜、更刺激、更有噱头。这个时候，粉丝自然拥有极高的热情，并创造全新话题！这个时候，讨论的热情会急速增长！

从互联网建立伊始到现在，稀缺内容始终都是最具含金量、最具人气的。所以，网红必须学会在日常维护的同时，适当跳出传统思路，挖掘深层次

的内容。当然，想要做到这一点离不开网红团队、社群意见领袖、活跃分子的共同努力。对于突出的内容贡献者和话题制造者，社群应当给予相应的奖励，这样社群成员才能积极地寻找稀缺内容，创造更为热烈的话题讨论氛围。

4.4.3 "独特粉丝"创造更具个性化的信息内容

社群时代有一个突出特点：金字塔的顶端，即网红本人不再是单一的信息生产源。整个社群，都可以不断形成话题、制造内容，从而形成传播。社群与传统的粉丝模式相比，核心就在于"人人都是焦点"，每个人都能成为社群内部的明星。

在网红时代，对于信息的创造与传播，已经不再仅限于网红本人。粉丝同样可以创造优质的话题进行传播，同样可以成为内容生产商与运营商。尤其是在各类社交平台上，如微博、微信、贴吧等，网红社群很容易借助"独特粉丝"的力量，创造出更为个性化的信息内容。

"许嵩全球歌迷会"就是一个非常独特的粉丝群体。"许嵩全球歌迷会"微博账号的内容，几乎全部都围绕着许嵩展开，但更为广泛和丰富——各地活动发布、网友访谈、周边产品……与此同时，这个账号还会不断与歌迷进行互动，例如为粉丝送上祝福，预告许嵩的相关活动等。同时，它还能进一步完善许嵩的个人形象，如许嵩的工作照片、生活照片等，能够以更加"亲民"的方式展示。

所以，"许嵩全球歌迷会"这个账号，尽管由许嵩的官方人员维护，但事实上它的内容确实由粉丝们提供的：粉丝不断发送素材，账号运营者进行择选、编辑。所以，"许嵩全球歌迷会"的活跃度非常高，评论、转发、点赞都会达到数千。

无论微博、微信还是贴吧，都会有这样的独特粉丝存在，他们会给社群带来更鲜活、更一手的信息资源，让网红的形象更丰富，让社群的生态建设更完整。不断的 UGC 内容制作，不断的粉丝内容加工，生产出更多有意思、有态度、更八卦、更个性的内容，所以对于每一个网红来说，这样的"独特粉丝"是必不可少的！

4.5
广告型网红：以营销推广
变现社交影响力

网红一旦形成人气，势必会受到相关品牌、厂商的关注，促使其开始进行营销推广的尝试。几乎所有的网红，都曾接过一定的广告。而网红的广告推广主要阵地就在社交平台，也就是说——网红进行营销推广，核心是社群。通过自己的代言，来影响社群粉丝，这与传统的明星代言有着本质不同。

传统的明星代言，投放渠道多为电视、网站、报纸等，客户的定位是模糊的；而广告型网红，所投放的人群就是自己的粉丝，目标足够精准，能实现精准投放，让社群粉丝接受信息，从而高效变现，所以效果更好，如图4-7所示。

所以，当网红开始在社群中投放广告之时，必须围绕着"社交影响力"这个关键词展开。

精准投放

↓

社群粉丝
接受信息

↓

高效变现

图 4-7 社群广
告投放的优势

4.5.1 精准化的言之有物

之所以选择社群投放，就是为了让信息更加精准化地传递到目标客户眼前。所以，无论品牌选择网红，还是网红进行代言，第一原则就是：精准化，与自己的形象、气质、专业领域一致。

除了与自身影响力相符的"第一原则"外，还有一点同样需要网红注意：

言之有物。例如耳帝的推广微博，不仅仅只是单纯的广告推介，而是融入了自己的观点，将节目细节呈现给了社群粉丝，这样一来，无论产品还是网红本人的形象，立刻都进一步凸显和放大。

所以，即便粉丝们知道这是自己偶像推送的广告，却愿意欣然接受。精准化且言之有物，这样网红的社交影响力才能最大限度地爆发，社群粉丝乐于接受，从而顺利变现！

4.5.2　让自己变成售后与预告者

网红的个人影响力，不仅在于对产品的直接推荐。只要灵活一点，那么自己还可以成为产品的售后和预告，形成更精准的营销推广渠道。这种模式相比较单纯的广告推送会更有价值——网红站在"人"的角度去做服务，会比品牌的官方运作更具人气。这就是为什么，罗永浩会显得那么与众不同——他不仅在做锤子科技的 CEO，更在做锤子科技的预告者和售后人员，用自己的影响力，让锤子科技的产品在互联网上更加精准地传播。周鸿祎、雷军等人，也无一例外不是这方面的典范。图 4-8 为周鸿祎当客服的微博预告。

图 4-8　周鸿祎的微博"做客服"预告

　　无论微博还是微信公众平台，它们都有一个突出的特点：转发快速、评论便捷，时时私信，所以与粉丝沟通时既可以公开化又可以私密化，这种特点，让微博和微信都具备了天然的售前和售后的客服属性。倘若运用得当，那么网红将不仅只是品牌的代言人，更能成为品牌的"试用明星"，这种影响力对于变现有着更为强烈的刺激！

　　所以，可以预见的是，未来会有更多网红加入"创业大军"，因为网红不仅是广告代言人，更是品牌说明人、产品发布人、产品测评人……借助网红自身的社交影响力，可以实现品牌营销推广的最大化！

4.6

爆品 IP 型网红：个人品牌
创造强大商业价值

2016 年，《会说话的汤姆猫》游戏开发商 Outfit7 宣布：与 papi 酱正式"联姻"，推出深度定制的《会说话的 papi 酱》手机游戏（见图 4-9）。这款游戏中，玩家可以选择在不同场景下调教 papi 酱，同时解锁 papi 酱最具特色的上海腔英语、台湾腔东北话等。

图 4-9　papi 酱与汤姆猫的"联姻"

2016 年的这则新闻，让原本不看好 papi 酱未来的人大跌眼镜：在创造了让人咂舌的融资纪录后，papi 酱不仅没有从巅峰跌落，反而还不断开拓着自己的事业版图，并与大名鼎鼎的汤姆猫达成合作，推出了自己的专属手机游戏。这种大 IP 的探索，是很多观察家之前未曾预料到的。

papi 酱的成功，标志着个人品牌能够创造出强大的商业价值。超级网红的标志是什么？就是大 IP！所以，想要成为下一个 papi 酱，就必须着力打造大 IP 的个人品牌价值。

4.6.1 大 IP 形成的核心：社群

网红与传统明星有着本质的不同：传统明星的品牌建立，通常需要依靠作品，如电视剧、电影等。明星通过塑造一个个不同的"其他人"，让自己的演技得以展现，吸引粉丝的喜爱；而网红则无时无刻都在做自己，借助对生活的观察和个人形象的展现，从而创造出 IP 属性。

所以，相比较传统明星而言，网红必须更加依赖社群，通过社群的运营让自己的影响力得以提升。

知名主持人王凯从央视离职后，开始创建"凯叔讲故事"的自媒体平台，并主打社群文化。一开始，"凯叔讲故事"的主要内容就是王凯发布儿童故事，吸引孩子与父母的关注；而随着社群成员的不断增加，"凯叔讲故事"迅速拓展社群范围，建立了数百个 QQ 群和微信群，并与成员们一起进行创造，如《失控儿童节》、《失控圣诞节》、第一季的动画片《凯叔画剧》等。同时，"凯叔失控儿童节""凯叔失控圣诞节"等活动也会通过社群的众包模式发起。各种社群活动的不断举办，以及亲子共度的场景建立，让家长、孩子们的交流欲望非常强，社群氛围始终非常良好，成为了目前国内亲子社群首屈一指的平台。而王凯也在褪去央视主持人光环的背后，成为了一名不折不扣的"网红"。

王凯之所以转型成为网红，形成自己的大 IP，就在于社群运营的丰富与饱满。而通过王凯的社群运营过程，可以看到其所举办的活动非常丰富，他不再是一个单纯讲故事的人，而是一个个活动的发起人、组织人。正是通过这种不间断的多维互动，他突破了过去主持人的形象，给粉丝们带来更为真实的一面，从而形成了良性循环。

想要借助社群成功变现，实现自己的大 IP 属性，那么社群文化必须丰富多彩，社群活动必须频繁发起。有人喜欢写段子，那么不妨设立"谁是段子手"的微博活动；有人热衷线上直播，可以在周末开通"直播大人"平台；还有人喜欢深度话题讨论，那么不妨制作社群杂志，让深度思维淋漓尽致地展现……而网红，则成为这些内容的聚焦点、联络者、协调者。做好社群的建设，这是形成爆品 IP 的基础。

4.6.2　没有 IP，就没有商业价值

"没有 IP"，网红就没有任何价值！这个观点，已经越来越得到了网红们的认同。就像一个在斗鱼上拥有 20 万粉丝的网红，倘若无法成为 IP，即没有经历过市场的检验，那么依旧是"初级网红"，投资价值过低，个人品牌含金量不高。这就是为什么，papi 酱在开始探索 IP 价值之前，很多人并不看好她的主要原因。

那么，如何打造自己的 IP 价值？"内容为王"这四个字，依旧没有过时。只有内容长久，才能留住粉丝，网红才能活下去。尤其在网红经济最初的盲目风投过后，投资机构已经越来越冷静，不能创造内容的网红，很难再形成大 IP。

所以，网红一方面要经营好社群，另一方面也要不断提升自身的素质和能力。未来无论微博还是直播视频 APP，网红必须输出一种品牌的形象，给粉丝带来场景化的想象：在这样的生活里，我会成为怎样的人？因此，图文、视频、照片等，各种手段网红都必须灵活应用，让自己的形象不断放大。

甚至，网红还要成为电商的发起人，不但只是宣传，而是直接参与到设计环节之中，正如张大奕那般，身兼模特、版型选择、设计顾问等多个身份。让自己参与到供应链的重塑之中，才能够不断输出有意思的内容，所做出的推荐被粉丝们接受，哪怕价格稍贵。牢牢把握"内容为王"这个原则，网红才能打造出自己的大 IP。

4.6.3　慎重接广告：杜绝 IP 价值的滑坡

IP 价值，始终是一个数据，它会根据网红当下的言论、举动、社群运营等呈现波浪形变化。所以，要想保持自己的大 IP 价值，那么在变现时就必须慎重，尽可能保证价值不滑坡。一旦 IP 价值滑坡，就意味着粉丝的忠诚度降低，社群的健康度打折，久而久之网红人气不再，变现成为了奢望。

网红在各种社交平台的运营中，广告是需要特别注意的一环。广告直接决定了网红的变现能力，但不等于为了变现网红就无节制地接广告，或是对广告来者不拒。例如著名相声演员郭德纲，就曾因为"藏秘排油事件"受到了网友乃至电视台的批评，形象大为受损。

网红在发布广告之前，一定要对品牌进行充分了解，注册地、法人、产品信息，这些都必须严格审查。尤其对于食品类、化妆品等，这些直接关系着粉丝健康的产品，更要做到百密无一疏，防止"三无"产品进入社群。近年来微信朋友圈火热的各种面膜，很多都被相关机构曝光，这更加需要引起美女型网红的注意。

2014 年 3 月，一位名叫周梦晗的美女突然走红，迅速登上当月微博热门，成为一时风头无二的网红。随后，她正式进军微商行业，做起了面膜的生意。凭借着自己的高人气，她的微店很快成为了明星店铺。然而随后一系列的问题开始爆发：2014 年 11 月，陆续有买家在网络上晒出面部发红、长痘甚至长毛的照片，称使用周梦晗卖的"三无面膜"后皮肤被毁，被医院诊断为过敏性皮炎和激素依赖性皮炎。尽管她随后多次解释、道歉，却依旧没有得到网友们的原谅。最终，在一片声讨声中，周梦晗消失在了互联网之中。

除了慎重接广告，对于日常言行，网红也必须有所注意，尤其不要在社交平台口不择言。毕竟身为网红，就带有一定的社会影响力，一言一行都被粉丝格外关注，所以当做出负面榜样时，必然会受到网友们的一致谴责。这也就是为什么，尽管 papi 酱的视频节目依旧主要由自己来创作，但对于平台互动等会有专门的团队进行协作。说什么，不说什么，怎么说，这是考验网红社会价值的关键环节，同样深刻影响着 IP 价值的大小及实现与否。

Part **5**

场景化营销：网红如何营销与推广（一）

场景，创造全新文化。对于网红来说，只有让自己置身于一个个场景之中，才能真正打动粉丝。巴黎的风、瑞典的雪……当网红能够给粉丝们带来这样一种感受时，他们就会感同身受地接受网红，对网红产生情感。所以，对于网红本人，场景化营销是必须永远持续下去的。

5.1
粉丝管理：建立完善的
粉丝服务体系

网红经济的发展，离不开社群粉丝。不同的社群粉丝，创造出了一个个不同的场景，让网红呈现"千面姿态"，这才是真正的粉丝维护。那么，网红们该如何做好粉丝管理，建立完善的粉丝服务体系呢？

5.1.1　完善的社群架构

所有的服务体系，都是建立在架构之上的。例如我们在淘宝购买了一款不满意的产品，可以与店主直接沟通协商；协商未果，可以申请淘宝"店小二"解决，双方上传证据供其做出判断。这就是典型的架构，保证了机制的顺利运转。

那么，对于社群来说，需要哪些架构？

在 Part 2 我们特别谈到了社群的架构（见图 5-1），尤其提到了社群意见领袖对于粉丝的重要性。但是那只是基础，网红依旧需要相应的"职务"来完善架构。

小秘书、监督体系的设定，让整个社群的形态更为完整。围绕着这些内容做文章，才能形成真正完善的粉丝服务体系。

5.1.2　社群意见领袖的重要性

这里所说的社群意见领袖，并不是指网红本人，而是社群内的"大神"。

这些"大神"都有一个共同特点：学识常超过众人，有着独到的观察力，并且能够引发粉丝们进行深度思考。正是因为这些"大神"的存在，才让网红的形象进一步饱满，让社群的活跃度进一步提升。

从某种意义上来说，社群意见领袖就是社群内的"活跃分子"。但与普通的活跃者相比，他们更愿意思考和分享，更愿意用自己的独特审美理论与其他粉丝交流，在大众传播效果的形成过程中起着重要的中介或过滤的作用。他们将信息扩散给受众，形成信息传递的两级传播。这样的社群意见领袖，往往承担着话题制造、活动组织、社群运营等诸多职责，是整个社群运转的"车轮"。

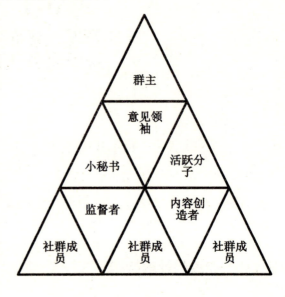

图 5-1　完善的社群体系架构

甚至，社群意见领袖还会是网红的顾问，对于一些深度问题，网红同样需要咨询他们的意见。例如对于直播网红来说，当他们选择突破自我，自我提升时，通常会在私密群与这些"大神"进行交流，听取他们的看法；对于自媒体网红来说，当要发布一篇侧重于软文的文章时，也会先发给这些"大神"，根据他们的反应进行相应的修改。

能够成为这样的意见领袖，几乎是每个粉丝的梦想。他们不仅具有极高的号召力，还是某个细分小组的负责人，可以很轻松地与网红建立联系。所以，我们看到的很多社群活动，都不乏这些社群意见领袖的身影。如何策划、如何执行，他们会用自己独特的思维，创造出截然不同的场景。

当然，人人都想要成为领袖，但并不意味着每个人都能成为领袖。社群意见领袖的养成是漫长的，其中很多都是在社群长期活动中，渐渐被多数社群成员所推选举出来的。所以无论网红本人还是背后的团队，都必须挖掘粉丝内的这些"大神"，让他们成为社群内部的中坚力量。

5.1.3　社群小秘书做什么

秘书的工作，我们都很熟悉——为领导安排周边事宜。秘书的工作看起来似乎没有难度，却能够让一件事变得条理、清晰。因此，几乎所有企业，都设定有秘书处这样一个机构。

而在社群之中，秘书的重要性同样不言而喻，社群有关的信息发布、活动安排等，均由小秘书负责。例如，QQ群内的公告信息，小秘书就应当提前准备好文案，按时发布并@群内所有人。图5-2为直播网红"只是简言"的QQ群公告。

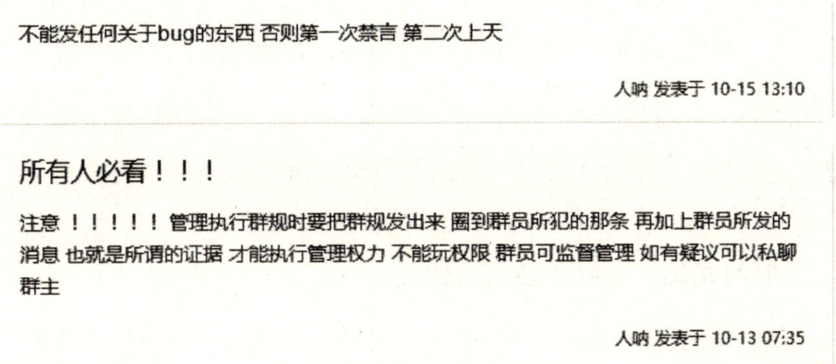

不能发任何关于bug的东西 否则第一次禁言 第二次上天

人呐 发表于 10-15 13:10

所有人必看！！！

注意 ！！！！！ 管理执行群规时要把群规发出来 圈到群员所犯的那条 再加上群员所发的消息 也就是所谓的证据 才能执行管理权力 不能玩权限 群员可监督管理 如有疑议可以私聊群主

人呐 发表于 10-13 07:35

图5-2　直播网红"只是简言"的QQ群公告

直播网红"只是简言"的QQ群平台所发布的这些内容，全部由小秘书完成。而这名小秘书，就是网红的粉丝之一。这名粉丝，会主动担任起信息发布的工作。除了QQ群，诸如贴吧、网站、微信群等，这些平台的公告发布，

基本上也都是由社群小秘书负责。

小秘书让信息可以快速传播，第一时间推送到各位粉丝的眼前。那么，该如何找到适合的小秘书呢？

1. 熟悉计算机操作

Office 办公系统的操作是否熟练、打字速度是否够快，这是社群小秘书的基本职业技能。尽管很多社群中，有热心成员愿意主动分担相应工作，但如果这些计算机基本操作不过关，那么他就很难胜任这份工作。因此，在寻找社群小秘书之时，最好说明相关要求，避免找到不合适的人反而让其他人"好心帮倒忙"。

2. 细心：小秘书第一职责

社群小秘书的很多工作，看起来就是编辑文字、发送内容等，但在"看起来很简单"的基础之上，却少不了细心。时间、参与规则、活动流程……这些信息一旦出现差错，就会给整个社群成员带来非常严重的错误引导，尤其是对于品牌类公司而言。所以对于社群小秘书，一定要选择那些心细、谨慎的人，避免因为粗心大意给社群的发展带来伤害。

3. 时间充足：做好小秘书的保障

社群主要由网友组成。尽管不少网友具有很高的热情，但毕竟是业余之事，因此不免有时因为正常工作或家庭之事，无法兼顾社群小秘书的工作。时间一长，一些重要的信息就不能第一时间进行发布，给社群其他成员带来不必要的麻烦。

所以，社群小秘书必须有充足的时间，可以快速通过 PC、手机等进行信息发布。这一点，在招聘小秘书之时必须明确说明。在此提一个建议：如果是由品牌、公司直接组建的社群，那么小秘书的职务不妨由公司员工兼任，从而更高效地完成相应工作。

5.1.4　监督体系的建立

社群一旦形成规模，就意味着会形成各种阶级，尤其是对于经常发布深度内容的创作者来说，渐渐会形成自己的人气，有可能诱发膨胀心态的出现，有可能损害社群的稳定。所以，社群内同样需要建立监督体系，将这种问题及时解决。能够称得上是"意见领袖"的人，本身就具备很高的人气，倘若不作出限制，很容易滋生"高高在上"的心态，破坏了社群的民主氛围。

那么，该如何设定社群规则，约束社群领袖的权力呢？

1. 建立投诉渠道

如论坛、贴吧等平台，社群应当建立相应的"投诉主题帖"，任何用户都可以提出疑问甚至质疑，而社群管理层必须做出回复。只要不涉及人身攻击，任何人都不得删除相应内容，这样社群成员的权利就得到了保障，每个人都可以针对某些问题，对社群管理层进行直接监督，并且做到公开透明。

2. 建立完善的删帖、踢人机制

不可否认，任何社群都存在"害群之马"，因此社相关管理人员必须进行删帖、踢人，这是保证社群健康运转的基本机制。但是为了避免管理层随意删帖、踢人，在社群建立之初，就应当做出明确规定：以周或月为单位，公示删了哪些贴，为何原因删帖。这样一来，社群成员既能得到有效的回复，同时也避免管理层因为私心随意删帖。例如，百度贴吧李毅吧的"南墙公示"，就是非常好的手段。将那些违规的成员进行公示，并作出相应说明，这样每个成员都能心服口服。

5.2

粉丝聚合：持续输出符合
粉丝审美的内容

　　网红创造了粉丝，形成社群文化；而随着该文化的进一步沉淀和拓展，渐渐地，粉丝的影响力反哺网红。所以网红必须根据粉丝的特性，决定输出风格。

5.2.1　粉丝决定了输出的内容风格

　　罗辑思维的社群建设发展到一定程度之时，当社群粉丝的意见在不断汇总聚合之时，罗振宇推出了每日六十秒推送、读书会、线下聚会等诸多活动。

　　这些内容，与其说是罗振宇的探索与思考，倒不如说是粉丝们的一致呼吁。正是因为粉丝具有这样的诉求，所以罗振宇必须不断推出全新的内容，以此契合粉丝们的审美。否则，场景建设再完善的网红社群，也会逐渐陷入凋零。

　　与其说是网红创造了全新的粉丝经济，倒不如说是"网红影响粉丝，粉丝反哺网红"的模式，才更加符合网红时代的特征。一旦内容输出减少，就会让社群开始冷清，核心粉丝就会离开，网红的影响力自然降低，粉丝需求自然无法得到满足，进而形成恶性循环，如图5-3所示。

　　无论网红具有多高的人气，倘若不能根据粉丝的风格特征持续输出内容，人气很快便会打折。罗辑思维的社群建设之所以是我国最为顶级的，就在于罗振宇每天都会推送内容，满足粉丝们"思考"的欲望。罗振宇是一个平台，粉丝们通过这个平台得到了内心的愉悦，这是罗辑思维发展的根本核心。

所以，每天网红都要进行内容推送，并且了解粉丝们到底是谁，他们有着怎样的特征，有着怎样的需求。很多网红在取得一定人气后，每日也会更新微博、微信公号，但内容多数是网上摘抄，与粉丝的定位完全不符。久而久之，对网红回复的粉丝少了，整个社群的活跃度完全为零，这就是不尊重粉丝的一种表现。例如，对于一名美妆网红，每天推送的内容却只有心灵鸡汤、

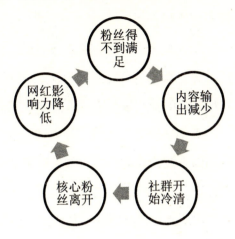

图 5-3　无法满足粉丝导致的恶性循环

汽车技巧，很难引起粉丝们的关注与喜爱。阅读量、转载量、讨论量的不断降低，最终运营方自然无力为继。

永远要记得：网红之所以能成为网红，就在于粉丝们的支持。倘若不能根据他们的特点推送内容，那么就意味着被粉丝抛弃，从此不再红！

5.2.2　粉丝聚合的核心：互动，再互动

很多想要成为网红的人，都渴望自己能够成为新的 papi 酱、张大奕，在获得人气的同时赚得盆满钵满。做直播、开淘宝……一时间似乎人人都具备了成为网红的潜力。

可惜的是，大浪淘沙，最终让我们留下深刻印象的网红却少之又少，能够真正实现变现的网红更是寥寥无几。为什么有人付出那么多却始终没有回报？

看看张大奕等人，就会发现其中的问题所在：这些网红从不参与直通车、竞价排名等活动，店铺却始终人气不减。因为，她们将主要的精力放在了社

交平台上，并依托于此创造社群文化，与粉丝进行高频互动，为粉丝提供源源不断的服务。

粉丝服务的核心，就在于互动、互动、再互动。将主要精力放在粉丝管理之上，而不是单纯的营销，这样网红才能真正将自己的情感传递给社群，这比单纯的商业手段更具人情味，更具情怀。

在本书的 Part 1 中，作者曾经说过，网红时代的到来，意味着"人本位"的回归。过去看似行之有效的营销手段，在网红时代被大为削弱。所以，看似几乎处于垄断地位的阿里巴巴，才会主动与社交平台微博联姻。阿里巴巴早已意识到：网红时代，粉丝才是关键。必须培养出一批善于粉丝管理的网红店主，才能实现直接的销量变现，这是未来中国商业的大势所趋。"电商＋社群"的模式已经初见规模，而社群的核心就在于粉丝。

如网红张大奕针对社群粉丝在微博推出"福利"，既满足了互动的所有精髓——既传播了产品，又让粉丝加入活动，所以她这条微博的留言数迅速突破 10W＋。拥有这样的人气，何愁网店没有粉丝关注？何苦还要做各种费时费力的直通车、竞价排名？

为粉丝提供各种福利，这是互动的一种模式。直接转发粉丝的内容并做出评论，这同样是粉丝服务体系建立的重要环节。网红不是高高在上的"神"，而是能够读懂粉丝内心的榜样，这才是网红的最佳定位。不断与粉丝进行留言互动，会给粉丝带来"亲民"的印象，认为自己得到了足够的尊重，所以这种互动模式，同样是每一个网红都必须掌握的。

学会与粉丝聊天，是网红的必修课之一。当然，互动聊天是一门艺术——面对粉丝的批评如何应答、如何交流才能让粉丝心服口服。切记，不要因为不满就和粉丝进行争吵，否则久而久之粉丝就会给你贴上负面的标签。

5.3
平台整合：不同平台
塑造不同的场景

网红时代的场景化营销，正在于对于不同社交平台的运营。例如微博平台、微信平台、百度贴吧、直播平台等，它们分属不同的公司，社交属性各有特点，从而形成了截然不同的场景风格。对于网红来说，必须找准各自平台的风格，形成差异化传播，这样才能形成更丰富的场景模式，实现场景化营销的目的。

5.3.1 活动丰富，乐于分享：微博平台的场景塑造

微博平台的特点在于公开性和即时互动性，所以微博平台的第一场景塑造，在于"分享"。创造出足够有噱头、有价值的原创内容，同时分享粉丝们的再加工内容，形成一种"UGC+互动"的场景，是微博平台的重要运营方式。

同道大叔能够从微博的世界中异军突起，就在于他不断创造者符合微博风格的场景——图片化，文字简短化。同时，自己的原创内容占到了多数。轻松幽默、言简意赅，这是微博平台"吸粉"的重要策略，如图 5-4 所示。优质的红人微博，不会充斥过多的转发内容，而是形成"原创＋转发"的双模式，既传播自我，同时也传播那些优秀的粉丝。

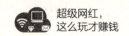

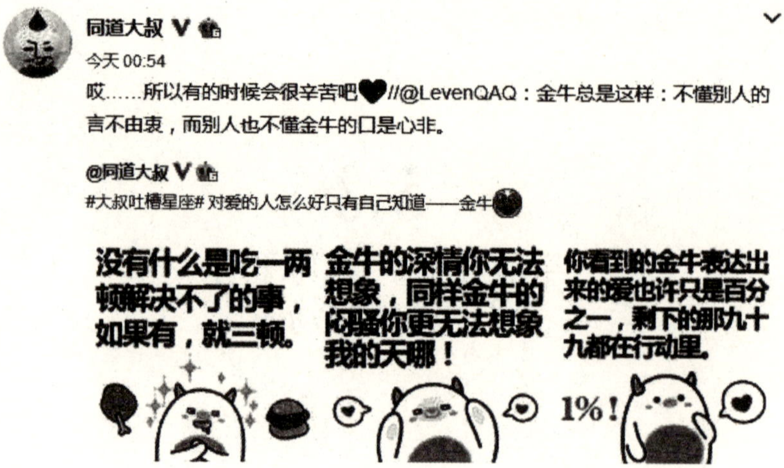

图 5-4 同道大叔对于粉丝的互动转发

原创内容，形成了主动展示自我的场景，粉丝愿意关注；

转发内容，形成了网红与粉丝亲密无间的场景，粉丝愿意留言、转发。

这两种模式，形成了微博的基础场景，只要能够坚持，那么就会形成更多的细分场景。与此同时，微博平台独特的"有奖转发"功能，同样也会形成更全新的场景——有互动，更有福利！

"有奖转发"，给微博带来了"福利场景"，几乎每一个粉丝，都非常喜欢这样的活动。有奖转发可谓微博平台最有利的"杀手锏"——首先，可以快速形成病毒式传播，不仅引爆粉丝群体，更在全网迅速传播；其次，新浪微博的官方抽奖具有很高的公信力，完全杜绝暗箱操作和猫腻行为，所以，受到粉丝们的欢迎。

这就是为什么，那些企业家网红如罗永浩、周鸿祎、雷军等人，会经常在微博上发起有奖转发的活动。创造出"福利场景"，粉丝群体的活跃度自然爆棚！

5.3.2　微信平台场景：图文结合，引导深度思考

　　微信平台的特点，就在于不受字数限制，同时阅读更私密和隐蔽，所以它所创造的场景，应当是可以引发粉丝们进行深度思考的。例如自媒体网红领域的高人气代表人"深夜发媸"，就在于能够引发粉丝们的思考，进入她所设定的场景之中，如图5-5所示。

图 5-5　深夜发媸的微信公众号内容

　　可以看到，"深夜发媸"很热衷于"图文混合"的模式，进行内容传播。而这恰恰很适合微信公号的特点：轻阅读时代，单纯的文字很容易让粉丝产生视觉疲劳；而微博简短的字数限制，又不能让网红更好地表达自己。所以，微信公号的出现，与微博形成了很好的互补，创造出了另外一种场景。

　　相比较微博，微信公号的娱乐功能显然少了许多，所以，微信平台的场景建设，要更侧重于内容。精彩的内容，是打动粉丝的关键，尤其是具有深度思考的话题，更容易在微信平台形成火爆的局面。

5.3.3　直播平台：打造更真实的自我场景

　　网红时代的到来，与斗鱼直播、熊猫 TV 等一系列的直播平台诞生有着密切的关系。在过去，网红尽管具备高人气，但始终是真人不露相，或很难

展示出自己最真实的一面；但全新的直播平台凭借着时时直播、实时互动、弹幕文化的形成，一举成为了网红时代传播自我的最佳手段。越来越多的网红开始定期发起直播秀，甚至那些财经、新闻类自媒体网红，也不得不走进直播间，与粉丝们进行互动。

与微信、微博相比，直播间显然更加能够展现网红本人的生活特质，所以对于直播平台，场景的创造核心就在于"真实的自我"。例如张大奕的"淘宝直播秀"，就带领着粉丝们直接走进工作室和制衣间，将其日常的工作、生活淋漓尽致地展现给了粉丝们。这种直播，让张大奕不再只是平面化的模特，而是成为了有血有肉的人。尤其是在直播活动中，直接接通粉丝们的电话，这种具有亲和力的模式，顿时点燃了社群粉丝的热情，创造出了淘宝销售的神话。

所以，不仅是网红，就连各个明星，如柳岩、李艾、郭德纲等人，也都会不时发起"直播秀"，以此进一步表达自我，笼络粉丝。

直播平台的场景传播优势，就在于"真实"。带着粉丝走进自己的家，分享自己喜欢的唱片或美食，与粉丝们聊聊天，展现生活中的自己，这种形象对粉丝们有着无尽杀伤力！

5.3.4　百度贴吧：粉丝自主运营，网红定期登录

在百度旗下，百度贴吧无疑是最具人气的社交产品。几乎所有的网红，都有自己的专属贴吧。而与微博、微信有着本质不同的是：百度贴吧无论从建立、运营到规则的设定，全部由网友自发组织，网红本人并不参与这些内容。

所以说，贴吧具备最天然的社群属性，容易打造庞大的粉丝群体。如果说微博、微信等平台，始终有网红及团队的引导，那么百度贴吧则完全形成了"高度自治管理"，即便网红本人也很难干预它的运转。正如百度第一贴吧"李毅吧"，就曾爆发出李毅不满吧主管理，主动找到百度管理层进行投

诉的事件，可见百度贴吧的独特魅力。

正是因为网友的"自治"模式，所以百度贴吧的场景更为丰富，几乎任何一个兴趣点，都能形成一个全新的场景。这种纯粹的互联网文化模式，不是任何人都可以干预的，即便网红本人也不可例外。

所以，对于百度贴吧的特质，网红首先要做的，就是"不去干预"。一旦直接强势管理，必然违背百度贴吧的天然属性，导致粉丝的反感度激增。网红不妨定期登录贴吧，与粉丝进行互动交流。正所谓"神龙见首不见尾"，偶尔地出现，反而会给贴吧用户们带来强烈的惊喜感："原来网红一直在关注着我们，并注意着我们的动态！我们和那群微博粉丝不一样，他们知道追星，而我们却是在创造话题，创造文化，并得到了网红本人的关注！"

对于百度贴吧，网红一定要遵循这个原则：可远观而不可亵玩焉。将场景建设的主动权交给粉丝，营造出更多意想不到的场景，这反而会对自己的形象更有帮助。同时，定期登录参与粉丝们的互动交流，这样贴吧就会形成很好的互动场景，形成"互联网民主化"的独特场景。

5.3.5　社交平台，营销不是全部

微博、微信、直播 APP、百度贴吧……一系列社交平台，构成了场景化建设的核心。借助这些社交平台，网红可以轻松实现营销与推广的目的，形成多渠道交叉互动的态势。所以在社交时代，网红之所以能够爆发出让人咋舌的变现能力，就在于对社交平台的灵活应用。

对于网红来说，想要实现自身价值的全面提升，那么必须进行全方位平台共同运营，这是未来的主流。然而，网红同样不能忽视这一点——社交平台的核心在于"社交"二字。尽管它具有营销的能力，但不等于它是纯粹的营销平台。倘若仅仅用来营销，那么久而久之就会发现：初期的火热和辉煌之后，粉丝的参与度、互动度都大为降低。

仅仅只有营销，势必导致粉丝的体验越来越差，人气不断流失；而为了实现变现，再次发布更多的营销信息，结果导致恶性循环，从此网红不再"红"！所以，即便通过社交平台创造出了无数的营销场景，但网红始终不能忘记"社交"两个字——这些平台给网红提供的首要功能是交流，与朋友交流，与粉丝交流。

其实，这个道理几乎人人都懂：迪士尼乐园中有各种消费品值得去购买，但我们之所以进入迪士尼乐园，首先是这里让自己感到放松和快乐。在这个基础上，我们才愿意主动消费。但是，如果迪士尼乐园里只有商品，只有无穷无尽的广告推送，那么我们还愿意走进这个乐园吗？

社交平台也是如此，整合的目的，就在于散发网红魅力的同时，可以实现营销变现。它可以促进营销，但不是单纯的营销工具。记好这一点，网红才能真正玩转网红经济！

5.4
参与式定制：强化参与感，以个性化放大影响力

网红经济如一道旋风，迅速在各行各业占领高地。它所改变的，不仅仅只是一种经济模式，而是创造性地打造出了更多商业细节。网红时代的商业模式已经出现了明显的颠覆，尤其是在产品设计这一领域上，更加凸显网红和粉丝的特质。网红不再只是一个标签，而是成为设计的主体；同样，粉丝们也不再只是单纯的消费群体，同样转型为产品设计核心。这种模式的转变，标志着参与感、个性化时代的正式到来。定制，已经越来越成为网红产业中的核心。

5.4.1 网红参与设计，凸显不一样的审美趣味

由张大奕所开创的"网红亲自设计"模式，已经成为了一线网红的主流运营模式。而相比较张大奕较为传统的服装类，如今网红的设计五花八门，极具独特的审美趣味，受到了各自粉丝们的一致欢迎。

网红之所以参与到设计之中，首先是因为网红本身有一套独特美学眼光，为粉丝们所接受；其次，网红在设计之时，也会针对自己的粉丝群体特征，进行有意识的加工改造。所以，当由网红设计的产品推出市场后，必然会受到粉丝们的强烈追捧。

更重要的，则是通过参与式定制，网红可以挖掘自身的才华与潜力，在

粉丝心中形成更高端和立体的形象。粉丝们渴望看到真正属于网红的产品，而不单单仅仅只是文字、视频等。因此，网红加入产品设计，这将成为未来网红经济的主流。

其实，不仅是网红，就连企业家也加入了设计的阵营之中。"不想做网红的老板不是好老板"，这句话点破了网红的精髓：企业家本人就是最大的网红。所以，就连联想集团 CEO 杨元庆也主动加入网红阵营之中，不仅代言旗下的新款笔记本，还加入设计团队，将自己的态度植入产品之中。未来，网红将不仅仅只是品牌的传播渠道，更是产品的设计和开发核心人员！

5.4.2　粉丝加入设计团队

不仅是网红，社群粉丝同样可以成为设计的主体。与网红相比，粉丝们设计出的产品，显然会更加多元化，更符合互联网文化。而这种产品既有网红本身的特质，又带有强烈的粉丝因素，因此粉丝们的接受度会更高。

对于社群粉丝开发出的产品，网红本人同样应当积极转发，进一步扩大影响力。当网红与粉丝成为互相宣传的整体，那么无论是网红本人设计的产品，还是由社群粉丝所开发的产品，都会很快形成电商爆款。

真正优秀的网红，会鼓励粉丝们参与其中，设计出与众不同的各类产品。所以，网红不妨在社交平台发起"由你来设计"的各类活动，吸引"粉丝大神"成为产品设计和开发的重要组成人员。

5.5
众筹推广：以情感
驱动粉丝参与热情

众筹的模式已经屡见不鲜，为粉丝们创造出独属于自己的产品，提升粉丝"格调"，这是网红经济时代的应有之义。

5.5.1　众筹核心：小众且精准

从 20 世纪 90 年代末开始，互联网进入我国已经有了 20 年的时间了。在这 20 年里，不仅诞生了如腾讯、新浪这样的互联网巨头，更培养出了数亿的互联网用户。经历了早期的论坛模式、中期的半社交模式，我国互联网已经进入了全新的移动互联网时代，网友的特征更加细分化。豆瓣网、知乎、微博、微信、中关村在线……网红经济正是在这种背景下形成的，因此也带有强烈的细分小圈子气质。

例如，同道大叔的粉丝群，多集中于关心星座的年轻人，这其中尤其以白领女性为主；

张大奕的粉丝群，是那些对于时尚有着无尽追求的女性朋友；

梁欢的粉丝群，多数都热爱音乐，尤其是独立类型的音乐。

虚拟圈子文化，开始不断形成。所以，这就给网红的全新产业奠定了基础——精准化的众筹。之所以要特别提到"精准化"，是因为网红的粉丝不是大众意义上的网友，他们有着共同的兴趣爱好，这种爱好在外人看来甚至

有些执拗。但是，一旦这些粉丝达到了一定数量，就可以形成极大的购买力，促进网红的变现。

所以，想要通过众筹模式进行商业变现和营销，那么产品必须小众且精准，营造出一种"这是我们专属产品"的场景。唯有这样的场景，才能真正打动粉丝。例如，你是一名独立音乐人，有不多却忠心的粉丝，那么，你就可以利用社交软件发布消息，利用众筹平台进行定制，从而实现梦想。

越精准，越小众；越小众，越精准。

小众且精准，是网红进行众筹推广的第一原则。网红不要奢望推出的产品能够赢得大众的喜爱，但必须给自己的铁杆粉丝创造出独一无二的场景，让他感觉到："只有这个产品才是最适合我的，其他的品牌都是大路货！"尤其对于越来越追求个性化的 90 后乃至 00 后而言，小而精的产品才能打动人心。而这样的"网红创业团队"，今后必然也会越来越多地出现。

5.5.2　众筹的背后，是未来的商业

对于绝大多数网红来说，众筹并非是变现手段，多数情况下众筹发布的产品为粉丝福利，很难形成高溢价、高利润，这一点是网红必须了解的。毕竟，粉丝之所以愿意众筹，是因为这款产品符合网红的特点，凝聚了社群粉丝们对网红的情感，甚至产品设计由粉丝参与，因此价格制定过高，必然会导致粉丝的不满。

那么，众筹只能单单成为福利吗？当然不是！倘若运用得当，那么它同样可以成为网红自身宣传和未来商业变现的一种尝试。

1. 利于传播与分享

无论京东还是众筹网，这些平台都带有一键转发的功能，众筹活动可以轻松转发到微博、微信、贴吧、QQ 群等，这就是一种很好的活动宣传模式。

当粉丝们点击进入之后，看到一系列图片、产品说明、视频等，会产生强烈的好奇感，有可能主动参与。所以，众筹是一种积攒人气、形成流量聚合的手段，运用得当会给社群带来丰富的话题与热点。

2. 为产品规模商业化做好铺垫

很多时候，众筹的目的是为了"试水"，看看这款产品究竟是否具有影响力。而粉丝的消费欲望最强，也最愿意提出意见、撰写测评，所以众筹产品可以成为规模化生产的"精准测试"。借助众筹的初试水，我们可以得到一款产品的相关评价和建议，这样在规模化生产时，就能够根据市场反馈进行调整。一旦一款产品形成爆款，引发互联网新热点，更多粉丝会提出再次众筹的要求，甚至非社群成员因为对产品设计充满好感，也会产生购买的欲望。这个时候，众筹已经不再是福利，而是最有效果的变现产品！

所以，基于这两点，在发布众筹时，要尽可能做到数量精准控制。它既关乎着成本，又关乎着福利——人人都能获得，怎么能称得上"福利"？按需生产，保证产品成本控制，这样众筹才能达到目的。

5.6
持续互动：实时响应
粉丝需求，强化即时互动

无互动，不网红。高质量的互动，体现了网红对于粉丝的关注，用直接行动满足粉丝们的需求，这是笼络粉丝的重要手段。一个总是对粉丝提问漠不关心的网红，在社交平台从来没有互动行为的网红，很难创造出与众不同的场景，与粉丝始终保持着距离。

5.6.1 持续互动，让粉丝们看到自己的存在

"我每天要花很多精力在微博上跟用户互动，推出样衣和美照，看粉丝的评论反馈，挑选受欢迎的款式打版，投产后正式上架淘宝店。粉丝会喜欢我很大程度上源于喜欢我的生活态度和生活方式，我会不遗余力地用图文形式记录自己每天的生活状态，并及时回复大家的留言，一起探讨和分享自己喜欢的东西。"

这是淘宝网红"赵大喜"的心得。每天，与粉丝进行持续互动，成为了赵大喜的主要生活组成。

互联网时代，"存在感"是一个特有的现象。没有存在感，就意味着很快会被新的热点所取代，被新的网红所顶替。所以，持续互动的首要目的，就是为了保证自己的曝光率，让粉丝们始终记得自己。

　　粉丝对于网红，有着怎样的期待和追求？渴望看到网红富有才华的一面，更渴望看到网红真实的一面。网红不是传统意义上的影视明星，他更像是身边的榜样，是我们能够追求的"男神、女神"，所以，网红必须给粉丝展示真实的自己，在不断的交流之中，让粉丝们深深地记住自己。

　　所以，对于网红而言，下面这些持续互动是必不可少的。

　　首先，是本领域的持续不断的内容输送。如 papi 酱的视频短片、同道大叔的动漫星座，这是网红赖以生存的才华，是吸引粉丝的根本。这些内容，是必不可少的。

　　其次，则是对日常生活的传播。粉丝渴望看到更真实的网红，所以在生活中遇到的趣事应当第一时间分享给粉丝，尽可能做到"有图有文有视频"，这样会更加引发粉丝的互动心理，形成更为丰富的场景。图 5-6 为同道大叔与粉丝贴心的视频互动。

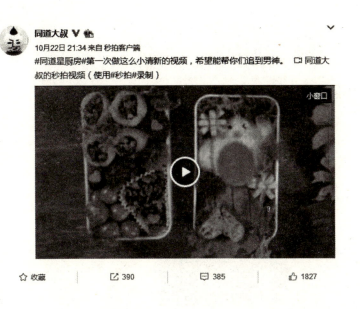

图 5-6　同道大叔与粉丝贴心的视频互动

　　最后，是对于粉丝的留言和回复。对于这些内容，网红必须择优回复，

让粉丝们感受到惊喜和被关注。

5.6.2 持续互动，创造全新的营销场景

持续互动的意义，不仅在于拉近与粉丝的距离，更在于创造全新的商业模式。网红经济代表了新时代的商业需求：经营模式实时连接，不断互动，网红不仅要关注商品价值，更要关注客户价值。这种持续化的互动，是未来电商的主要模式。

2016 年 10 月，锤子手机全新系列产品上市，而从上市伊始，作为品牌网红的罗永浩，就第一时间与粉丝开始频繁持续互动，对用户的各种问题进行解答回复，最大限度地满足粉丝需求，如图 5-7 所示。所以，锤子手机的销量尽管并非最高，但它所引发的互联网热度却是让所有品牌都羡慕的，这就是罗永浩的成功所在。

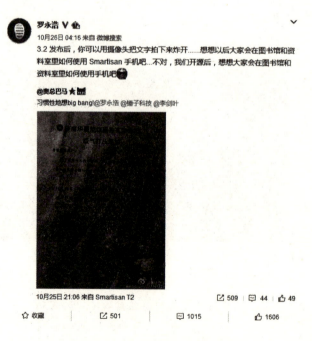

图 5-7　罗永浩的微博互动

没有罗永浩，就没有锤子科技；没有罗永浩的持续互动，就没有第三代的锤子手机推出。罗永浩创造出了一系列的场景，这就是持续互动对于营销的重要性。

所以，尤其对于电商化网红来说，持续互动是决不可忽视的，尤其在以下这三个细节点。

1. 粉丝对产品的咨询

当看到粉丝对产品提出咨询后，网红应当第一时间进行回复，解决粉丝的疑惑。

2. 积极转发粉丝的互动

当粉丝对产品表现出热爱，并且主动贴图 @ 网红时，网红可以对这则内容进行转发、评论，让粉丝感到自己的关注得到了回应，网红始终在关注着自己。

3. 及时解决粉丝的疑惑

对于粉丝提出的对产品质疑，网红更应当及时回复、解决。即便自己没有能力完全解决，那么也应当及时 @ 品牌方的相关工作人员，协助粉丝尽早解决问题。

Part 6

场景化营销：网红如何营销与推广（二）

网红需要场景，品牌同样需要场景。对于那些借助网红打开市场的品牌来说，将产品植入网红的生活，成为网红文化必不可少的一个场景，这对于品牌的营销和推广，起到了"人性植入"和"情感互动"的作用。

6.1

寻找小社交平台的精准
网红，精准用户画像

网红需要借助社交平台提升自身的影响力，而对于品牌来说，他们同样需要在各个细分平台找到精准的网红，借助他们的影响力与粉丝群体，提升品牌关注度与直接变现能力。那么，哪些社交平台是必须关注的？

6.1.1　兴趣及运动旅游类社交平台

兴趣及运动旅游类社交平台，多数为论坛、微博、微信和 QQ 群。例如，吉他中国论坛（音乐）、蜂鸟网（摄影）、环球旅行微信公号（旅行）、背包旅行摄影公号（摄影＋旅行）等。这类社交平台的突出特点，在于足够细分和精准，所关注的粉丝都是这个领域的深度爱好者，具有很强的专业实力，并且愿意参与话题的讨论。

对于品牌来说，尤其是主打细分领域的品牌，必须打造出一个足够专业水准、足够意见领袖的"网红"，这样才能在这样的平台中形成热度，从而实现营销与推广的目的，展现品牌自身的特点。

例如，对于音乐技巧类社交平台，品牌可以推出一名网红，他具备扎实的乐器技巧，并愿意与网友们分享自己的经验，定期还会发布一些深度长文，分析自己对音乐的理解、对乐器的理解，然后将品牌融入其中。

再比如，对于旅游社交类平台，如环球旅行，网红应当定期分享自己的

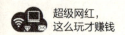
旅行心得，给粉丝们推荐自己所喜爱的旅游景区。倘若品牌侧重的是酒店方向，那么网红在发布时，应当侧重于酒店的评测。

精准、高质量，是兴趣及运动旅游类社交平台网红运营的核心。同时，因为这样的社交平台足够精准，里面具有不少"大神"级人物，所以内容的呈现更应丰富化，视频、图片、长文缺一不可，创造出一个个风格迥异的场景，这样才能将品牌最大限度地得到呈现。

6.1.2　科普类社交平台

毫无疑问，目前我国人气最高的科普类社交平台当属知乎。凭借着对于移动互联网的精准把控，知乎已经成为了我国最顶级的科普类社交平台，每天活跃人数达到数万。

知乎并非细分类社交平台，但它却通过领域的分类，达到了细分的目的。所以对于品牌来说，所推出的网红同样应当精准辐射某个特定领域，然后不断进行科普回答。例如网红张佳玮，就是电视剧《武林外传》、《我爱我家》的分类网红，会不断在这个领域回答问题，从而奠定了自己的"大神"身份。

精准到某个领域，长期不断地回答，这就很容易在知乎平台创造人气，成为网红。就像对于一款手机品牌，所推出的网红一直能够在手机版块每天原创分享自己的心得，及时回复网友的提问，那么很快就能成为红人。所以，品牌不妨鼓励设计师、运营师等核心团队的人才进驻知乎，主动回答网友的提问，在不断互动中成为网红，对品牌形成直接推动力。

6.1.3　视频直播类平台

视频直播平台是网红时代最具有人气的平台，无论斗鱼还是熊猫 TV，每天观看的人数都高达百万。视频直播类平台的用户画像具有这样的特点：

年轻、充满活力、愿意消费、互动频繁，如图 6-1 所示。

无论哪一个平台，视频直播的主要用户，都以 90 后为主，年轻化是最明显的特点；同时，他们精力十足，无论清晨还是深夜，都有大批粉丝关注者网红动态；他们也热衷于弹幕文化，几乎每天都是处于刷屏的阶段。更重要的是，他们愿意消费，送鱼丸、刷火箭……对于喜爱的网红，绝不会吝啬！

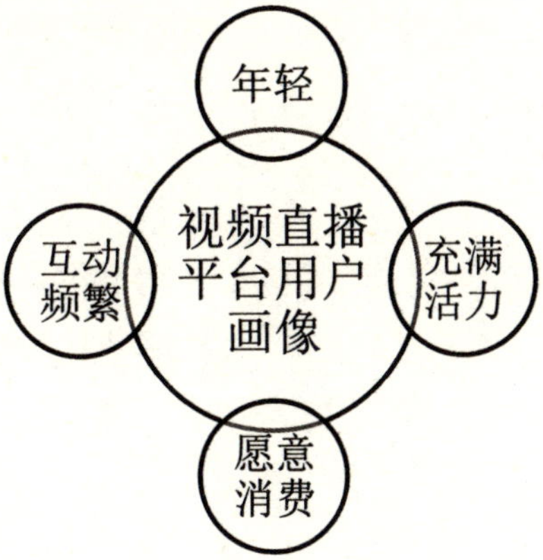

正是因为视频直播平台具有这样的用户，所以当品牌推出自己的专属网红时，就必须符合以下这几个原则。

图 6-1　视频直播平台的用户画像

足够清新靓丽，能吸引年轻人的关注，颜值始终是吸引人的第一步。

能够与粉丝进行热烈互动。在直播过程中，可以根据粉丝们的弹幕不断进行话题调整，与粉丝们打成一片。

能够引导粉丝，将品牌植入于直播过程，蜻蜓点水般地对产品进行推介。对于死忠粉来说，网红的推荐远比广告要更有效果，所以购买时也不会犹豫！

当然，在这些基础之上，视频直播网红依旧需要靠才华，单纯的颜值不可能永久保持人气。所以品牌对于网红的培养应当是多方面的——谈吐、言行、才艺、推介，这四个细节一个都不能少！

6.2
与网红经纪公司合作，
选择与产品调性相符的网红

2016 年 5 月，网红圈传来一则爆炸性新闻："万紫千红网红联盟"获得信泽控股和宽毅资本 1500 万元天使投资，成为我国第一个获得融资的网红联盟。

什么是网红联盟？最直观的理解，就是网红经纪公司。与明星经纪相似的是，网红经纪公司会对网红挖掘、内容 IP、传播平台、网红培训、广告代言等诸多环节进行把控，帮助网红进一步凸显自身的特点与魅力。

任何行业，一旦进入成熟期，必然会出现规范的规则和培训机制。网红经纪公司的出现，意味着网红经济进入了成熟期，开始进行有体系化的包装和打造。这对于刚刚进入网红领域的新人而言，无疑是一则喜讯：一旦能够积累初期人气，很快就会被相关猎头所挖掘，随后进行签约培训，从此进入"网红团队"的运作阶段。

网红经纪公司的出现，更意味着如果有品牌需要寻找契合的网红进行合作时，那么凭借着强大的平台能力，可以迅速推出自己旗下的网红，实现品牌最大化曝光和网红变现。

更重要的，则是与个人网红、小团队相比，经纪公司无论从规模到资源都具有不可比拟的优势，有利于网红产业的探索，挖掘更为全新的盈利模式。

网红经纪公司的出现，不仅给网红带来了极大的便利，更给那些渴望与网红联姻的品牌架设了桥梁。"让专业的人做专业的事"，专业化的机构出现，标志着网红文化正式以一种"行业"的姿态出现，不再是单纯的自娱自乐。

6.2.1 让网红经纪公司做专业的事情

关注网红的人，一定会看过张大奕两小时打破销售纪录的"淘宝直播秀"。这场活动，吸引了高达 41 万的观看人数，一举超过柳岩此前保持的 14 万的纪录，让张大奕直接跻身于超级网红的阵容之中，吸金能力堪比一线明星。

看到张大奕的辉煌，不要以为，你就可以简单地复制。因为在一场视频秀的背后，还有更多人在付出着努力。张大奕有一支专业的经纪团队，他们事无巨细地对这场视频秀进行着包装和传播，话题分析、市场预测、美编设计、市场推广、技术支持……这支团队围绕着"淘宝直播秀"不断去探索，凭借集体的力量找到粉丝的痛点。

这就是经纪公司的能力。这绝不是网红单独一个人就可以全部完成的。

一般来说，网红经纪公司都会包含有以下这些部门，如图 6-2 所示。

猎头组的主要工作，就是在各大平台发掘有潜力的新人，然后与其签约。

培训组的主要工作，就是根据新人的特点，进行全方位的包装培训，让网红可以达到相应标准。

运营组的主要工作，在于对网红进行相关的技术支持。这其中，还会下属有新媒体小组、视频直播小组等。

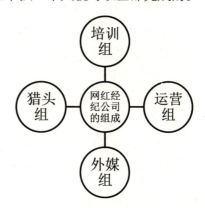

图 6-2　网红经纪公司的组成

外媒组的主要工作，在于商务洽谈、品牌合作等方面。

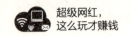
不同小组分工明确，这样才能让网红真正"红"！体系化的运作，才能保障网红可以持续性地发布内容，并且保证内容足够优秀，足够吸引粉丝。所以，对于有志于成为网红的人，或是渴望突破个体网红瓶颈的人来说，倘若有网红经纪公司公司的签约机会，那么在确认其正规、合法后，不妨进行深度合作，让自己的价值得到充分挖掘。

经纪公司所打造的团队化模式，让网红运作进入专业化阶段。而网红的社交账号，必然也将进入这个阶段。例如，在每条信息发布之前，网红必须将自己的编辑好的内容经过团队审核，确认后才能发出。这样就能保证网红本人的账号内容足够精准和优秀，尤其杜绝了网红本人因为"个人情绪"而产生的负面话题，保障了网红形象的健康和积极向上。这一点，在罗永浩身上有着突出表现。

2014年年末，一向敢想敢说、习惯开炮的罗永浩突然在微博表示，将自己的微博账号密码交给了公关部，未来在发布微博前，会由公关部审核确认后再发送。因为之前的一系列开炮，罗永浩言论已经引起了网友的反感，甚至让锤子科技的投资方感到了强烈的担忧。公关部认为，如果不对罗永浩的言论做出限制，那么罗永浩的微博甚至会对品牌带来负面作用。

罗永浩这样的个性网红尚且如此，更何况其他网红？而公关部等部门的表态，表明了罗永浩同样进入了团队运作的阶段。未来，我们所喜爱的网红，更多的时候承载的是一种精神寄托，而所创造的内容、引起的话题，是团队所有人的智慧结晶。

6.2.2　寻找与品牌气质相符的网红

品牌、产品对于网红，是实现自我价值、形成粉丝变现的最终渠道；而网红对于品牌，则起到了人性化植入、品牌形象化发散的作用。所以，当品牌决心寻找网红进行营销与推广时，也必须遵循这样一个原则——与品牌气质相符。就像一款化妆品品牌，一定会选择与张大奕合作，却不会选择同道大叔。网红自身的形象，同样决定了品牌的形象。

如网红张琪格，她身为斗鱼知名的女主播，形象气质俱佳，因此很符合"最高颜值饭局"的定位，与米其林三星美食有很好的契合，很容易形成互联网热点，借助直播彻底点燃张琪格的粉丝圈，所以这样的合作无疑是精准的。

与品牌形象、文化、气质相符，是品牌寻找网红的第一原则。而在此基础上，网红的负面新闻较少、有着极高活跃度的社群粉丝，这是联姻的第二原则。达到了这两点，品牌就找到了适合自己的网红。

那么，如何找到真正与自身品牌气质相符的网红呢？最有效的方法，就是举办"网红选拔赛"。图 6-3 为某品牌发起的网红选拔赛。

图 6-3　某品牌发起的网红选拔赛

"网红选拔赛"活动的开展，使品牌方不仅能够通过筛选的方式，找到真正适合自己的网红，同时这个活动也会形成新闻事件，直接引爆互联网。伴随着无数人的报名参加，同时还有上亿的网友监督，当活动结束之时，网红不仅有了足够的知名度，品牌也得到了最大限度的宣传，这样的"网红选拔赛"是绝对不可忽视的！

为了让这样的活动可以吸引到更多人的关注，在活动策划时，我们不妨多来一些噱头，如成功入围后与品牌签约，享受网红指导团队的特别培训，还能获得丰厚奖金、免费出国游等诸多福利，这样一来，活动创造出了与众不同的场景，更加提升了在互联网上的话题热度。

6.3

自我孵化网红，
打造产品代言人

与知名网红进行联姻，可以起到品牌推广的目的。但是，这种联姻毕竟属于"合作模式"，品牌对于网红本人的限制有限，同时还有时效性。一旦合同到期，双方很有可能解除合作关系。

所以，自我孵化网红，从内部挖掘网红，成为了越来越多品牌的选择。

6.3.1 孵化员工成为网红，输出原创内容

员工是最熟悉品牌与产品的，所以品牌应当将目光投向企业内部，找到活跃员工，并将其培养成为网红，这样就能源源不断地输出原创内容。身为企业员工，他对产品和品牌更为熟知，所创作出的内容也更为精准，甚至有不少让人眼前一亮的"小秘密"，因此原创度更高，更能吸引网友的注意。

什么样的员工最适合成为网红？毫无疑问，就是技术人员。对于化妆品品牌来说，产品研发师可以从各个角度讲述这款化妆品的特点、成分等，具有很强的专业能力；对于手机品牌来说，设计师可以从手感、视觉、用户体验的角度进行全面分析，吸引粉丝的关注。

总而言之，只有能够代表品牌形象的员工，可以全面阐述品牌文化、特点的员工，才能输出有价值的内容，从而吸引粉丝，成为网红！

当然，我们完全可以将视野放大，"让每个员工都有机会成为网红"。

员工对于工作的热爱，就在于他们愿意谈论自家的品牌。所以，企业应当鼓励员工在社交平台表现工作的细节，甚至提出激励措施。对于那些在社交媒体活跃的员工，更应该开通专属通道在网站展示。让员工成为大 IP 网红，这比邀请其他网红代言更具效果！

6.3.2 企业领袖成为网红，扩大影响力

网红，不仅属于草根，更可以属于企业家。事实上，已经有越来越多的企业家，走上了这条网红之路。例如雷军、黄章、董明珠（见图 6-4）等，哪一个不是互联网领域的红人？当"网红经济"脱颖而出时，越拉越多的企业家意识到：只有凸显自己的价值，用户才会信赖品牌！因此，他们选择了主动曝光。甚至如更年轻的刘强东，其身上的娱乐话题，有时候甚至超越了商人本身。

图 6-4 极具网红气质的董明珠自媒体平台

在过去，企业家总是低调的，但网红时代的企业家，如董明珠，经常会抛出各种劲爆话题，顿时点燃互联网。而她与雷军著名的对赌协议，更是成为了当年的互联网十大新闻之一。玩转互联网的企业老总，产品也能成为互联网热点，粉丝在爱上企业家的同时，必然会爱上品牌！

企业家转型为网红是大势所趋，但必须更加严格注意自己的言行。正如90后企业家"超级课程表"创始人余佳文，曾经公开表示要给员工一个亿的分红，但最终却食言，不仅受到了互联网大佬、另一名网红周鸿祎的点名批评，更被网友口诛笔伐。而随后的融资中，超级课程表也失去了一系列投资机构的支持，品牌形象大为受损。

6.3.3　部门直播，打造网红团队

除了个人，企业团队也可以成为网红，形成网红团队。这种尝试，对于传统企业的转型来说非常有帮助。当一个团队整体成为网红，那么企业的形象会更加饱满，让感兴趣的粉丝直接观察到企业的运转、产品的研发等。

网红团队的主要推广模式，就在于直播。通过直播，将部门工作的点滴完全展现，让每个成员出现在镜头前，这比单纯的图文模式要更有吸引力。与此同时，我们还必须遵循以下这几个原则。

1. 以活动为噱头发起直播

部门直播，必须言之有物，让粉丝们了解到底在直播什么。所以，在直播开始前，网红必须策划好相应的主题，"如何给宠物做一次手术""一款女装有着怎样的制作流程"等，以活动的形式进行直播，让主题更加精准化，从而保证直播内容聚焦形成人气。

2. 有一名现场主播

部门直播的核心在于团队，但同样需要一名主播的引导，将每个环节、每个成员介绍给粉丝们。这名主播，应当具备靓丽的外形，同时可以快速对粉丝们的弹幕做出有效反应，起到引导的作用。

3. 每个人都要有展示

既然是部门直播，就必须让每个成员露脸，让他们可以面对镜头展示自我，否则成了单纯的"视频浏览"，热度就会大为降低。在直播开始前，每个人都应当准备一些"彩蛋"，也许是歌艺，也许是小魔术等，一定要让粉丝们感到眼前一亮，对品牌产生特殊的情感："原来在枯燥的工作下，这里的工作人员都有自己不同的性格，这种团队太让人喜欢了！"

定期推出不同主题的部门直播，形成"娱乐化工作"的模式，久而久之，粉丝人数就会越来越高，因为人人都想看到：这个团队还有哪些新鲜产品推送给我们？那些熟悉的员工，这次又会给我们带来怎样的惊喜？

6.4
贴片广告到软性
植入的场景化营造

品牌与网红的联姻，应当是全方位的场景化营造，渗透到互联网的任何一个角落。所以，从贴片广告到软性植入，这些内容缺一不可。

6.4.1　贴片广告的场景化植入

所谓贴片广告，就是视频网站中视频开始前的加载广告。这种广告不允许用户直接跳过，所以用户必须进行收看。利用这种"强制性"，倘若网红能够代言某款产品出现，画面呈现场景，那么很容易吸引粉丝去点击，形成引流效果。

例如，相信所有网友都曾看过"奇秀"的视频广告贴片。这则广告由网红李炳然代言，通过一系列场景化的演唱（地铁、练歌房、直播间），将奇秀直播推广开来，形成了很好的引流模式，为奇秀打开市场立下了汗马功劳。

贴片广告不同于传统的视频广告，尤其是与网红结合时，一定要打造精准化场景，正如李炳然的这则广告。尽可能展现出网红的特质，与品牌相结合，这样贴片广告才能形成积极的效果。

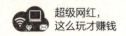
6.4.2　软广告的场景植入

软性植入,一直都是推广传播的重要手段之一,网红时代也不例外。软广告的植入更加多样化,可以图文、视频等,但最重要的一个原则就是:主题有趣,植入巧妙。例如天才小熊猫和留几手,就是软性植入的高手,如图6-5所示。

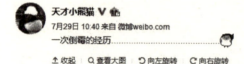

图 6-5　天才小熊猫的长微博软植入

- -

这则天才小熊猫的图文长微博,就是以玩游戏时遇到的趣闻为侧重点,风趣幽默很吸引人,无形之中将这款游戏进行了精准化的推广,形成了很好的引流效果。

那么,品牌如何与网红结合,进行一次有效的软性植入呢?

1. 主题杜绝广告

软性植入，重点就在于"软性"。所以对于主题内容，一定要杜绝广告气质，用讲故事的方式吸引粉丝，让人看了一眼就欲罢不能。

2. 广告必须结合主题

软广告的特点，就在于让品牌成为主题场景的组成之一，而不是孤立在外的广告，让人一眼看透。例如："下了班，我一个人回到家。想起昨天还在一起的她，心里突然好失落。坐立不宁，点上烟，倒上一杯红酒，想去听一首林宥嘉的歌。在搜狗音乐里，我找到了这首歌的无损版本，打开我的顶级音响设备，让音乐在这个夜晚笼罩着我……"

场景化的故事，有些凄凉的心态，立刻引起了粉丝们的共鸣；这时候，"搜狗音乐"用最恰当的方法植入其中，同时还体现出了"搜狗音乐有无损版本"的信息，因此这样的场景化软植入是非常成功的！

6.4.3　直播细节中的品牌场景营造

视频直播，同样可以进行场景化营造，并且软植入的效果会更好。例如主播在直播前，可以对屋子进行一番装饰，将品牌产品融入到直播场景之中：产品的海报张贴于背后，形成直播间的装饰；产品放置于摄像头附近，成为画面前景的构成。甚至包括主播的首饰、话筒等，品牌都可以与进行合作，让自己的产品直接出镜。当网红与粉丝进行互动时，这些产品必然会出现在网友的眼前，网红只要适时引导，例如拿起放在桌边的口红简单化妆，就会让粉丝留意。这样，这款产品就会被粉丝们记住，并主动进行搜索购买。

6.5
利用网红集群效应，
连接不同网红

网红文化非常红火，但不可否认的是，网红依然有自己的局限：相比较如刘德华、黄晓明这样的明星，他们的影响力依旧有限，即便 papi 酱也不可能与周杰伦的影响力相抗衡。所以，品牌与网红进行合作时，仅仅"押宝"于某一个网红，显然不能起到效果最大化。

这个时候，品牌就必须借助网红的"集群效应"，选择多位性价比颇高的网红，将不同的网红连接起来，从而形成更为广泛的网红效应。

6.5.1 聚合网红，形成规模化推广

2016 年 9 月 2 日，中国（国际）旅游装备展暨第九届中国露营旅游论坛在山东日照蓝海 1 号盛大开幕。这场活动，主办方邀请了全国 20 多名网红一起参加，并在女神 TV 各个直播间进行直播，顿时引发了众多网友的刷屏。

这场活动之所以邀请了多达 20 位网红共同参与，就是为了将网红聚合，形成规模化推广的效果，如图 6-6 所示。

图 6-6　旅游装备展盛装出席的"网红团"

假如一名网红，拥有一万名粉丝；二十名网红，所呈现的内容，将会辐射给二十万名粉丝，传播的规模化顿时形成"爆款"！因为二十名网红在直播间同时直播，创造出了直播网站的热门话题，因此关注度会进一步提升！

这种模式，已经越来越受到欢迎，如小米发布会、今日头条大会等，都邀请了众多网红在现场做直播，形成了极佳的效果。所以，品牌不妨进行尝试。需要注意的是：这种模式，通常适合特定的线下活动，如产品发布会、试用会等。针对精准场景进行共同直播，每一个网红用自己的角度观察活动、参与活动，品牌就会得到最大的关注。

6.5.2　寻找不同网红，多角度吸引粉丝

对于一场发布会来说，邀请数十位直播网红加入，会立刻引爆当天的互联网热点。但对于需要进行"长期推介"的品牌来说，单纯的直播网红不免

有些单调。这时候，就必须寻找不同类型的网红，从各种角度吸引粉丝。

例如，针对一款游戏产品，我们就需要以下这些领域的网红。

1. 自媒体网红

自媒体网红通过对游戏的趣味性进行描述，传播这款游戏的独特性、高端性和行业领先性。

2. 游戏网红

游戏网红进行游戏评测，包括上手难易度、操作难易度、可玩度等，让粉丝们直接感受这款游戏的魅力。

3. 直播网红

直播网红直接进行视频演示，用场景化的游戏试玩让粉丝们看到，这款游戏究竟有着怎样的画面，网红的技术如何，能否和他 PK 一番等。

不同领域的网红共同出击，吸引不同领域的粉丝共同关注，这种连接效应毫无疑问是最强大的。试想，当我们的产品在 papi 酱、同道大叔、天才小熊猫的社交平台中一起出现，那么我们的影响力会有多大？毫无疑问，这种细分策略是没有边界的！

Part 7

品牌化战略：网红品牌
的养成与变现

从初级网红到超级网红，这是一条漫长的路。网红想要形成自己的品牌化战略，不仅需要从自身全方位提升，更需要打通与品牌方、供应链、市场的诸多环节。用培养品牌的心态全方提升自己，这样网红才能真正实现变现的梦想！

7.1
网红品牌化的战略意义

　　张大奕、papi酱、同道大叔……这些超级网红，已经逐渐在不同的领域，形成了专属品牌效应，使变现的渠道更为丰富。网红品牌化，已经成为了网红领域的共同认知，唯有打造出网红的个人价值品牌，才能实现商业化价值。

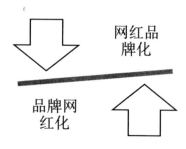

图7-1　网红经济的新趋势

　　与此同时，越来越多的品牌也开始转型，呈现"网红化"发展的特点。网红品牌化，品牌网红化，一场全新的网红革命正在上演，如图7-1所示。

7.1.1　增加品牌资产

　　无论网红品牌化还是品牌网红化，两种模式都有一个最终的理想：增加品牌价值。对于网红本人而言，网红的品牌化建设会赋予产品特殊气质，当这种特质被粉丝所接受，粉丝接受推荐产品就顺理成章，就容易形成"爆款"，并通过社群拓展产品文化。文化的发展，又一次引发网红本人的品牌增值，从而形成产品文化反哺网红的良性循环，如图7-2所示。

　　所以，当越来越多的品牌意识到这一点时，也愿意主动打造自己的网红代表，从而给品牌带来更多的"人性"——在产品属性之上，让网红的特质同样成为产品组成部分。而一系列的公司运作，都可以看到这个浪潮正在袭来。

2016 年 5 月，无人机世界联合 2016UAS 推出"无人机美女网红养成计划"，面向全国海选对无人机有兴趣的女性，通过不同专业公司、机构的特训，培养成兼具新闻传播技能、无人机操作技能的"网络红人"。

2016 年 6 月，"香草招聘"正式推出网红代言人大赛，希望找到真正符合品牌气质的网红，让网站可以被更多的求职者关注。

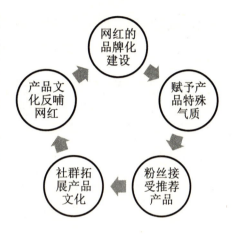

图 7-2　品牌化形成的良性循环

2016 年 7 月，互联网时尚品牌汇美启动"网红计划"，着力挖掘与品牌气质相符的网红代言人，甚至力推网红成为品牌创建人。该品牌负责人表示："将会围绕网红本人创建全新的子品牌，然后围绕网红大做文章：产品、内容、运营，以及社群。每个网红的背后都是一个粉丝群体，应根据对网红穿衣品味和调性的概括，并结合其粉丝特点趣进行粉丝调研，进行精确的划分。"

2016 年 10 月，法国雅婷集团"雅婷之星，谁是网红"网红选拔大赛正式启动。雅婷集团渴望能够在中国迅速打开市场，最终冠亚季军不仅有高额的现金奖励，还会直接与雅婷集团签约成为形象大使，并接受专业网红团队的培训，得到雅婷集团运营团队背后的投资支持。

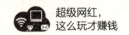
越来越多的品牌加入了"网红选拔"的大军之中，渴望借助网红的力量重塑品牌价值，让品牌产品实现定制化、精准化的目标。没有网红气质，品牌始终是冰冷的、2D化的；只有网红的养成，才能真正实现品牌价值增值，品牌形成特有的人性化和立体化！

7.1.2 网红帮助品牌脱离促销价格战

网红的出现，不仅给网红自身，同样给品牌赋予了全新的文化定义。例如papi酱倘若代言某款产品，就意味着这款产品将会呈现"敢于自嘲、活泼、灵气十足"的形象，与网红本身的特点相符。借助网红的特质进行品牌定位重塑，这几乎是所有与网红联姻的品牌的首要想法。

而纵观市场，最爱打价格战的品牌，多数集中于品牌含金量较低、品牌形象不佳的产品，为了抢占市场，不得不用低价策略与其他品牌相抗衡。但网红的横空出世，会给品牌赋予全新的形象，弱化消费者对产品价格的敏感度，从而帮助品牌脱离促销价格战。

无论品牌还是网红，都必须建立这样的思维：品牌的意义，就在于一种象征，可以引领购买风向。就像苹果手机、宝马汽车，之所以能够不打价格战却依旧深受市场欢迎，就在于品牌的价值。所以，网红与品牌的联姻，就在于重塑品牌形象，通过网红的影响力拉动与消费者的距离，增强其购买欲望。当品牌与网红联姻后，第一个工作就是如何重建品牌、形成粉丝文化，而不再只是大打价格战，否则只能徒劳无功。

7.1.3 提升网红地位，加强粉丝对品牌的认同

网红代言合适的产品，将会提升自身影响力；品牌找到合适的网红，将

会加深粉丝对品牌的认同。网红经济时代，网红与品牌之间是互惠互利的，只有达成这样的合作模式，才能做到双赢。

网红的粉丝们之所以选择无条件购买，就是因为网红的魅力打动了他们，让他们相信品牌的价值；同样，产品做到了足够精致、优秀，那么粉丝也会认为网红所提供的信息是值得信赖的。所以，无论对于品牌还是网红，品牌规划十分重要，找到自身的特点和优势，给予消费者选择、满足消费者需求，通过口碑营销带来更多、更忠实的粉丝，这是未来网红经济发展的核心所在。只有两者进行有效紧密的结合，才能创造真正的网红经济。

7.1.4 优化品牌资源

网红经济时代，品牌的推广模式主要在于集中体现、集中释放——借助网红的社交平台吸引人气，让引流得以集中；然后通过一系列的推介手段，将产品直接在粉丝群中集中销售，从而实现变现。所以，品牌必须统一形象价值和传播思路，优化品牌资源，这样才能形成网红品牌化的效果。

网红品牌化的特点，在于粉丝看到产品之时，就会认为：这样的产品和服务是值得信赖的。而通过与网红的互动，粉丝的情感诉求也得到了表达，形成了高频词互动营销的效果。

所以，想要玩转网红经济，品牌必须整合资源，尽可能为网红提供各种便利和宣传途径，提高资源的利用率，这样才提升网红品牌化的战略意义。

7.2
做到个性化
内容的持续输出

　　网红形成个人的品牌价值，最重要的工作就是不断输出内容，这一点我们在前文中已经多次做过强调。无论自媒体网红还是直播网红，不断传播内容、创造社群话题讨论，给粉丝带来新鲜和愉悦，这是网红保持人气、经营社群的核心。

　　那么，什么样的内容，才能真正打动粉丝？毫无疑问，必须是充满个性的，围绕自身不断发散的。首先要与自己的定位相关：正如张大奕发布的内容，集中于时尚领域和自己的生活，而不会发布中国重工业发展态势；其次，要紧扣粉丝的身份属性和特质，并且做到足够个性化。最后，则是可以给粉丝带来互动思考，而不是单纯地接收。

7.1.1　符合粉丝的标签心理

　　很多人都在思考一个问题：为什么罗辑思维能够在行业专家并不看好的情况下，毅然发起会员制活动，并且创造出"6个小时完成5500个名额的购买，盈利达到160万元"的奇迹？

　　表面上看，互联网时代是P2P时代，所有的资讯都应当是免费的，这才符合网友"占便宜"的心理；但事实上，如果我们提供的产品足够有价值，那么他们不会只做一名"伸手党"。而这里所说的价值，并非是传统意义上的"商品价值"，它是一种心理的归属感：社群粉丝具有一致的兴趣，独立、热衷于思考。而罗振宇通过自身魅力的发散，提供了独一无二的内容和互动平台，给这些人带来了加大的满足感。

所以，当罗振宇推出会员模式时，粉丝们不仅没有抱怨收费，反而还会觉得"占便宜了"。这种完全契合粉丝标签心理的模式，让他们产生了一种心理暗示：只有成为会员，我才能与罗振宇更为接近，才算真正进入了这个圈子！

凯文·凯利的《技术元素》一书中有一篇《一千个铁杆粉丝》，说"任何创作艺术作品的人，只需拥有 1000 个铁杆粉丝便能糊口"。网红时代亦是如此。优质的内容，会让粉丝感到自己找到了组织、找到了精神的寄托。就像罗辑思维的每日 60 秒推送、读书分享，无一例外都紧扣"独立、思考"这两个标签，当粉丝觉得这是生活中绝对不可或缺的内容时，那么变现渠道自然形成。

打造粉丝的标签心理，这是网红在内容输出时不可或缺的基本原则。什么样的网红，吸引什么样的粉丝；什么样的粉丝，寻找什么样的网红。

正如北京音乐广播的"网红 DJ"常晓航，在电台节目《节奏驾到》中主打电子音乐，因此很快吸引到了一批铁杆粉丝；但仅仅利用节目传播还是不够的，他又联合北京多家夜店，不时推出自己的专属线下活动，社群粉丝可以参加见面会、大牌 DJ 互动活动等。精准的兴趣标签，让《节奏驾到》的社群中充满了各种时尚感十足的死忠粉丝，因此常晓航也不再是传统意义上的电台主持人，而是创建了自己的"DJ 团队"，用工作室的模式来制作节目。这样一来，《节奏驾到》的内容更为精准和丰富，成为了当红的电台节目。

事实上，北京音乐广播的很多 DJ，都开始采用"网红 DJ+ 工作室"的模式进行节目创作，北京音乐广播走出了"网红发展"的特色道路。

创造个性化的内容，是吸引粉丝的第一手段。无论互联网如何发展，"内

容为王"这四个字始终是最具价值的。就像视频直播类网红，推送的内容应当是主播情感互动、直播技术大揭秘、头号粉丝上节目等；反之，如自媒体类网红，推送的内容应当足够精彩、有深度，如结合社会热点撰写的精彩长文，这样才能给老粉丝们带来更强烈的情感关怀，吸引新粉丝们不断进入社群。网红推送的内容越具标签化，粉丝就越会强化这种主观认知，让社群凝聚力更强。

7.1.2 寻找粉丝们的身份认同感

网红时代，粉丝之所以热衷于关注网红，除了对于网红本身的喜爱，还在于找到了身份的认同感。所以，对于个性化的内容输出，必须精准定位粉丝们的特点，然后不断深挖。就像有一个针对 80 后的微信订阅账号，就曾在正式投放的前三天，分别推出"寻找七龙珠"和"我们在周星驰电影里是如何出现的"的活动，很快便达到了数十万的阅读量，转发更是破百万。这种精准的身份认同感，击中了粉丝们的痛点，内容极具个性化，因此会对粉丝的养成带来极大的促进作用。

不同的网红，具有不同身份认同感的粉丝，例如财经类自媒体网红，其粉丝多关注的是金融，那么可以推出"寻找丢失的记忆，回到 90 年代的物价"的系列内容；萌宠类网红，其粉丝的身份认同感是"我有一个小宠物"，那么可以推出"这十部宠物电影，我们不得不看"的深度好文。这样的内容，足够精准和个性，会给粉丝们带来强烈的共鸣。网红让粉丝有了强烈的身份认同，又何愁没有粉丝加入，何愁未来的变现呢？

7.1.3 用分组模式让个性内容更加精准

随着网红的影响力越来越大，社群建设越来越完善，粉丝呈现激增态势，必然会出现新的细分与裂变，既有联系却又有所独立。

例如，罗永浩的粉丝群体，他们的共同标签是独立、文艺、标新立异，在此基础上部分粉丝是铁杆的摇滚乐迷，热爱独立音乐；还有一部分粉丝，则热衷于独立美学，尤其对设计领域充满兴趣；另外一部分粉丝，则会对文学作品较为感兴趣，尤其热衷于具有文艺气质的作家。这三种不同的粉丝群体有着一致的追求，但表达方式却是截然不同的。

爱好一致但又有所细分的粉丝，将会形成一个个风格迥异的细分社群。倘若每个社群所输出的内容都高度一致，势必违背了"个性"的原则，久而久之导致粉丝缺乏新鲜感，活跃度迅速下降。那么，如何解决这样的问题呢？毫无疑问，巧妙地改变表达方式，准确分流，让个性内容更精准地投放到相应社群粉丝。

以微信公众平台为例，它提供了一个特殊的功能：可以将粉丝按年龄、兴趣等进行分组。网红既可以按照年龄，也可以按照兴趣爱好，甚至关注的时间长短，对粉丝进行梳理，创造出一个又一个的分类。针对不同的用户组，网红可以发布不同的内容。例如，对于新用户主要用以新奇内容为主，刺激他们进行朋友圈转发；老用户则主要进行深度维护，进一步增强与网红的联系。

7.3
构建稳定供应链
的 3 个策略

网红品牌的养成与变现,必须与商业相结合。没有商业模式,就没有变现渠道,这在任何国家、任何领域都是必须遵循的商界规则。

但是,网红的变现并非传统商业销售,所以它的商业模式应当更独特、更能俘获人心。所以,在构建供应链时,我们就应当从不同的角度入手,创造出极具网红特色的稳定供应链,这样才能保障变现充满网红特质,一举引爆社群粉丝。

7.3.1 合作营销:打造品牌与粉丝之间的专属产品

专属产品这种模式,近年来已经屡见不鲜。专属产品将会牢牢打上网红本人的标签,与标准化的产品相比更具定制气质和个性化。

那么,打造专属产品的核心在哪里?在于网红与品牌方的合作营销。只有与品牌方建立非常好的合作关系,让品牌与网红处于同等的地位,彼此互相成为载体——品牌方对网红提供技术、生产的支持,网红对品牌方提供人气、个性化、文化理念的支持,这样才能形成"强强合作"的模式。

网红经济的未来发展过程中,合作营销必然是非常重要的模式之一。网红与品牌共同发力,找到网红身上的商业价值,从而实现营销的精准化和供应链的高效化。例如,作为我国最早一代的网红代表"芙蓉姐姐",就曾与青橙手机联合推出了自己的专属特别款，如图 7-3 所示。

图 7-3 芙蓉姐姐的专属"倾城手机"

尽管这款手机最终的销售态势不甚理想，但芙蓉姐姐无疑成为了网红商业探索的先锋。倘若当年的她，少一些恶性炒作，多一点真材实料的才华，形成高黏合度的粉丝体系，那么谁敢说，这款手机不能成为爆款？

芙蓉姐姐的这次尝试，开创了网红与品牌合作的全新模式——一举突破传统的代言模式，网红成为产品的主要核心和口碑营造点，产品的一切功能都围绕着网红展开。这样一来，无论网红还是品牌都将获益：网红通过专属产品的推出，实现了自身变现；而品牌通过与网红的结合，实现了品牌的推广和产品的营销。

合作营销，将会直接拉近品牌与粉丝之间的距离，彻底打通生产商、供应商、网红、粉丝之间的多渠道关系。根据网红的自身特质进行产品研发，意味着品牌方在开发之时就必须颠覆传统，以网红为核心；同时，上下游供应链整合之时，网红的"级别"和特质，决定了相关配件、材料的标准。

而对于市场来说，这样的产品足够精准，足够有噱头，对于粉丝有着无法抗拒的魅力，必然会形成惊人的销售态势。所以，未来无论手机还是其他产品，我们都将会看到这种联姻将会越来越频繁地出现。

7.3.2　借助大 IP 创建"网红品牌"

如果说芙蓉姐姐的网红手机，更多是与品牌方"合作"，品牌与网红处于同等重要的地位，那么吴晓波所做出的尝试则更为大胆。吴晓波直接成为品牌，将供应商、品牌商牢牢团结在自己的周围，直接推出了专属的"网红品牌产品"。

2015 年，一款名为"吴酒"的杨梅酒，正式上市。这款酒在吴晓波的书友会中迅速取得了非常好的销售业绩。

为什么吴晓波能够做出如此大胆的尝试？吴晓波本身是文化名人、经济学者，与酒类行业毫无关系。这是因为，吴晓波自身的"大 IP"价值已经让他超越了普通网红，变现的渠道更为丰富。因此，他可以彻底把控供应链，用自己的影响力直接撬动销售市场。

"大 IP"的概念前文中我们已经多次讨论，这个从 2015 年开始越来越被提及的互联网名词，在吴晓波身上得到了淋漓尽致的展现。因为，吴晓波不是"娱乐网红"，他具有扎实的知识储备和独到的经济、社会观察视角，给粉丝带来了更具深度和思考力的内容，所以粉丝的黏合度是普通网红所不能比拟的。

如图 7-4 所示，看看吴晓波的大 IP 组成，即可明白为什么吴晓波敢于创造自己的品牌。

吴晓波的粉丝群体，本身就具有很高的变现能力，所以当"吴酒"正式推出时，粉丝们认定了这个品牌充满了"高端、精准、专属"的特质，尽管这款酒也许是由某个酒厂代工推出，但在粉丝的眼中只要有"吴晓波"的标签存在，那么它就是值得信赖的。正因为如此，吴晓波曾经在接受记者采访时，才会这样回答："我会卖人格化的、跟我有关的产品，其实这部分的商业还是围绕着一个人和一个知识点展开。"

打造自身IP价值，打通供应链生产商合作营销，将会成为主流的变现模式。一旦形成大IP、高IP，那么网红在探索商业模式时就会牢牢把握主动权，构建最为稳定的供应链。

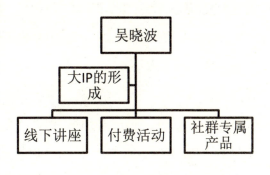

图7-4　吴晓波社群产品的组成

7.3.3　知识产权：供应链上不可忽视的细节

BT下载网站的不断关闭、音乐网站的唱片下架……知识产权这个词，如今在中国互联网越来越受关注。不可否认，在过去我国对于知识产权的保护力度并不够，但近年来一系列的举措表明：我国版权制度已经越来越规范，没有人再敢随意侵占知识产权。

而这股浪潮，同样也席卷了网红圈，并直接影响着供应链。过去，不少服装类网红都是在国外挑选衣服，然后国内直接复制，事实上这已经侵犯了他方的知识产权。越来越多的代工厂也表示，他们对于这种赤裸裸的抄袭设计不敢接单，否则一旦受到正品品牌的起诉，赔偿都会达到了天文数字。

所以，想要构建稳定的供应链，那么网红们就必须提升对知识产权的认识。

首先，网红必须开始进行原创设计，杜绝抄袭。正如网红平面模特、设

计师、淘宝知名店铺 Jupiter 的经营者陈小颖所说："我会坚持以设计作为自己的核心竞争力，打造属于自己的品牌。设计和品牌影响力是最重要的部分，这也是我们一直追求和坚持的信念。在版权保护日趋完善的未来，红人们必须有自己的核心竞争力，才能让品牌可持续地发展。否则，我们的产品总是涉及侵权，又有哪个工厂敢于接单，哪个投资机构敢于与我们签约？"

其次，则是对自身知识产权的保护，这不仅涉及产品设计，更包括了对自身形象、名字的保护。

2016 年，papi 酱团队宣布，根据 papi 酱的名字和形象，正式推出"papitube"网红平台，papitube.com 已经注册成功。未来，"papi 酱"及其团队将上线一款短视频产品，通过个人品牌带动那些同样有志于成为网红的后入者，将利益和风险同时分摊出去。

这就是为什么，papi 酱能够成为网红领域最受关注的人。通过对自身知识产权的应用，papi 酱的未来将会在更多领域进行拓展，而不是仅仅局限于个人短视频。所以，每一个网红都应当学会保护自己的知识产权，这样无论对于周边产品开发还是商业代言，供应链都会牢牢掌握在自己的手中！要记住：个人品牌同样是品牌，同样是供应链上的重要一环！

7.4
保证持续稳定的
流量与销量

互联网时代，人人都可以做十五分钟的明星。

网红蓬勃爆发的今天，任何一个人都能突然成为互联网热点，吸引大量粉丝，并快速形成变现；但真正有价值的网红，却更具备长效性的流量和销量，所以才能称之为"超级网红"。没有人愿意做昙花一现的网红，那么该如何保持持续稳定的流量与销量呢？

7.4.1 高流量：内容传播，互动，活动

如何保持网红的高流量关注，并不断吸引新粉丝的注意，这一点事实上我们在前文中已经做了很多的讲解。归纳起来，以下这些手段都是必不可少的。

1. 内容传播

内容传播是网红赖以生存的基础。自媒体网红，需要不断撰写相关领域的深度文章；直播网红，需要每天打开直播软件，在摄像头前展示自我；萌宠类网红，需要定期分享自己与宠物的点滴……

不能生产内容的网红，必然无法吸引粉丝；而内容不够精准的网红，无法吸引死忠粉丝。所以，无论我们的粉丝数量有多少，永远不能忽视对内容的传播。就像谷大白话，虽然早已成名，粉丝数量达到了七百万，但微博内

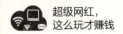
容占主导的，始终都是"美国脱口秀"这个赖以起家的内容。图 7-5 为谷大白话在美国总统大选期间的微博内容。

图 7-5　谷大白话的微博内容

2. 频繁的互动

互动，是网红与粉丝最直接交流的渠道。没有互动，久而久之粉丝会认为网红并不关注自己，因此渐渐不再关注网红，使网红的人气逐渐降低。所以，无论在微博还是微信平台、贴吧，频繁与网友进行互动，尤其对粉丝创作有意思、有价值的内容进行转发、回复，这是网红日常工作的重要组成之一。甚至，这将占据网红的主要精力。

3. 线上活动与线下活动

活动，是点燃社群热情的重要手段。而活动又分为线上活动和线下活动，它们相辅相成，可以构成传播闭环，让网红的形象更为生动。同时，活动具有"瞬间聚合"的作用，可以让粉丝们的热情在某个时间段得到尽情释放，不仅影响社群粉丝，还会影响到路人甚至"黑粉"，让他们同样转化成为粉丝。定期发起大型活动，这对于网红品牌的养成具有至关重要的作用。

这三种手段，是几乎所有网红"吸粉"、维护粉丝的手段。坚持下去，那么久而久之你就会发现：自己的粉丝团越来越大，流量呈爆炸式增长！

7.4.2　流量变销量，保障变现能力

"流量为王"这个词，很多人都不陌生。但是，倘若流量不能转化为直接购买力，那么再大的流量也是无价值的。所以，我们必须将流量巧妙转化为销量，形成庞大的变现能力。

1. 精准分析粉丝们的需求是什么

无论代言、自有品牌，想要形成持续的销量，首先要明白粉丝们喜欢的是什么。喜新厌旧的互联网时代，很少有一款产品能够保持一个月以上的热销，所以只有牢牢掌握粉丝的需求，才能做出精准调整，这是流量变销量的先决条件。

那么，如何做到这一点？此时，我们不妨借助微信公号的"投票功能"。每周发布一次投票，针对本周产品对粉丝进行调查：

> 是否喜欢这款产品？
>
> 是否购买了这款产品？
>
> 对这款产品有着怎样的意见？
>
> 未来是否还想看见它？
>
> ……

这些内容，都是最一手的销售反馈数据，通过这些数据，我们就可以对产品做出调整、下架、上新。很多网红进行销售时，总是抱怨不知道该卖什么，其实只要能够灵活应用这一工具，就可达到事半功倍的效果。

2. 每一款产品，都是一个网红故事

粉丝为什么愿意接受网红的推荐？因为这款产品带有网红的气质，让粉丝感受到亲切！所以，对于所推荐产品，我们都应当让它具备"故事性"——与自己的气质相符合。当粉丝们看到这款产品与网红是如此贴切之时，怎么可能不愿意掏钱购买？尤其是对于服装类产品，网红必须亲自出镜当模特，用自己的真实场景来打动粉丝！图7-6为张大奕在微博发布的亲自出镜的视频推介短片展示。

图7-6　张大奕亲自出镜的视频推介短片展示

　　能够做到精准分析粉丝们喜欢的是什么，又能够亲自给粉丝们"讲故事"，同时配合社交平台的各种应用推广，与粉丝们建立亲密无间的联系，这样的网红，形成持续稳定的流量与销量自然水到渠成！

7.5
提升产品附加值与
荣誉感的 3 个方法

单纯地销售产品，是网红变现的基础。实现了这一点，网红就必须开始提升产品的附加值和荣誉感，让粉丝们感受到更大的荣耀感。只有形成附加值和荣誉感，产品和服务才能形成高溢价，形成更强烈的变现！

7.5.1 让产品和服务更加个性化

如何呈现荣誉感？最关键的一点，就在于产品或服务充满了个性，粉丝在使用之时，即可形成"标签化"。正如苹果手机，为什么它始终是手机行业的翘楚？因为苹果手机具有非常鲜明的个性——精英、科技。即便是一名"草根"，一旦拥有了人生的第一部苹果手机，也会立刻感到自己身份上了一个档次，这就是个性化所带来的荣誉感。

个性化的打造，既可以是产品，也可以是服务，甚至是设计风格、销售形式。例如，成都一名动漫网络红人，在"小圈子"的支持下，开了一家咖啡馆。表面上看，这家咖啡馆似乎并没有什么特点，但事实上它的内部风格却极具个性：以漫画为主，墙壁上张贴着各种漫画海报和涂鸦，桌椅板凳也都尽可能走漫画风格。这家咖啡馆拥有了一批忠实的粉丝，他们都是漫画爱好者，经常来这里聚会，还会通过微信、微博等向店主提出新的建议，让这个小咖啡馆成为了当地一道特别的文化风景线，粉丝标签非常明显。而外地的动漫爱好者，来到成都也会专门前来体验，并不断拍照发送到朋友圈，形成了极高的荣誉感。

从这个案例可以看到：想要提升附加值与荣誉感，就必须做到精准服务某个小圈子，尽可能让他们满足。所以在产品设计之时，就一定要体现出粉丝的特点，或是恶搞，或是高端，平庸的设计只能让人失望；即便是销售模式，也应打造出与众不同的体验。例如，一名擅长互联网技术的网红，那么对于产品的销售可以完全抛弃传统思路，采取"比特币"支付的方式，打造全新模式。个性化的产品和服务，形成个性化的体验，这种荣誉感是常规品牌完全不能比拟的。

7.5.2 情怀：提升附加值的渠道

附加值这个词，几乎贯穿了整个商业发展史，网红时代也不例外。如何提升网红产品的附加值，直接决定了产品的定价与销量。而网红经济特有的"人本位"思维，决定了情怀，是其主打的附加值增值方向。例如罗永浩的锤子 / 坚果手机，无一例外不突出罗永浩身上特有的"情怀"二字。

情怀所包含的范围很大，如乐趣、生活态度、情感、关怀等，都属于情怀的范畴。那么我们该如何提升情怀呢？这必须从网红的特质入手。

对于如 papi 酱这样的娱乐化自媒体来说，所推出的产品应当具有强烈的娱乐精神，如 LOGO、口号等要充满互联网气质，让人穿着、佩戴着走进人群之时，立刻呈现"鹤立鸡群"的特点，让周遭的人立刻感受到其态度。

对于主打独立文化气质的网红，那么所推出的产品应当小众且精美。例如推出的耳机产品，应当在造型上突出别具一格的设计美感，并且附赠具有高文化品位的 CD、音频等，让粉丝们拿到产品既对美学设计赞不绝口，又对赠品感到惊喜，认为购买的产品绝对物有所值。

对于淘品牌网红来说，可以附带一张由自己亲自撰写的明信片等，从关怀的角度表现出自己的亲和力，以此击中粉丝的痛点。图7-7为某淘宝店主亲自撰写的关怀明信片，买家收到货后会觉得很暖心。

图7-7　淘宝店主亲自撰写的关怀明信片

一款产品一旦植入情怀，就会立刻呈现出"高大上"的气质，即使产品并不符合粉丝的需求，他们也会选择珍藏，将其当作是宝贵的礼物。所以，分析粉丝的特点，让情怀植入产品，那么附加值就会大为提升！

7.5.3　让产品与积分挂钩，直接提升荣誉感

购买产品成为会员，直接享受积分积累，这种模式从纯粹的互联网公司出现，如小米、魅族等，如今已经渐渐被各大品牌接受。网红经济同样也可以借鉴这种模式，尤其对于社群的运营，具有非常直接的帮助。

例如，当粉丝购买了某款产品后，在微博、贴吧等社交平台晒图片，并@网红本人和品牌账号，那么就可以享受积分积累，并直接由社群小秘书私

信邀请进入 VIP 社群，从而享受更专业的专属服务，这种荣誉的感觉，是单纯购物所不能比拟的。当这种模式形成循环，那么粉丝的购买欲望就会不断上涨，再次购买产品，同时直接促进社群的发展壮大，如图7-8所示。

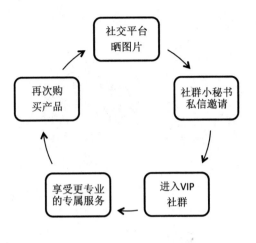

每一位粉丝，都渴望进入更高层次的社群，甚至有一天可以与网红面对面交流。所以，当网红将产品与积分挂钩，成为进入更高层社群的门槛，那么粉丝就会为了这份荣誉感而不断努力！

图 7-8　产品积分制形成的荣誉感

Part **8**

网红 IP：如何打造超级网红

IP 的价值毋庸置疑，几乎各行各业都在谈论"大IP"，网红也不例外。形成自身的大 IP，就意味着变现渠道的丰富，无论个人产品还是周边产品一应俱全。那么，如何打造自己，使自己成为如 papi 酱一样的超级网红呢？

8.1
选择具备爆品
特征的网红

任何一个网红都想成为大 IP，但不是任何一个网红都能成为"爆品"。那么，我们该如何找到最适合成为大 IP 的网红，并对他进行重点培养呢？

8.1.1　受众群体

谁是大 IP 网红？网红排行榜的前二十位。观察他们，会发现怎样的特点？

每个网红都有各自的特点，但他们都有一个共同点：所创造的内容符合社会热点，同时又足够有趣和精准。所以，他们的粉丝都具有这样的特点：主流民众、活跃度较高。无论 papi 酱还是谷大白话，他们的粉丝都是我们身边最常见的人，同样热爱互联网，喜欢和他人分享乐趣，愿意与网红进行沟通。

所以，具备"爆品"潜力的网红，第一个特征就是受众群体为主流网友，尤其是喜欢热闹的网友。即便如谷大白话这样的细分领域网红，他所辐射的粉丝也是"大多数网友"，而非特定的"少数精英"。

在互联网中，还有不少网红在细分领域非常杰出，但是受限于受众群过于狭窄的缘故，例如学术领域、某种特定技巧领域，所以话题很难形成社会热点，只能在小圈子内传播，这样的网红 IP 价值较低，很难形成"爆品"模式，可以做到足够精英，却无法形成大 IP。

8.1.2 粉丝规模

有多少粉丝，创造多少流量；有多少流量，实现多少变现。

粉丝规模，决定了一个网红的人气和实力。看看网红排行榜，哪一个粉丝不是百万级粉丝？正是因为有了庞大的粉丝数据，所以他们在进行营销变现时，会更加轻松自如，IP 价值能够得到多渠道展现。

尽管有人说："数量不是唯一，质量才是核心。"但不可否认，粉丝数量始终是衡量网红地位的第一原则。想要找到具备"爆品"特征的网红，就必须观察他的粉丝规模。

当然，对于那些具备"爆品"潜力的网红，也许他们此时并没有百万级粉丝，但是我们可以从以下两个细节，观察到他是否具备这样的潜力。

1. 粉丝的稳定性

粉丝的稳定性，是指网红的粉丝受众群没有出现明显波动。而这一点，也直接反映在网红的内容传播上：侧重于娱乐小视频，他的受众群多集中在年轻网友、热爱八卦的网友身上，很少会突然变化为 3C 数码为主的粉丝。粉丝的稳定性，表明了网红可以在某个领域源源不断地制造话题，强化粉丝印象，形成死忠粉丝群。

2. 粉丝的逐步增长趋势

一个充满潜力的网红，即便此刻默默无闻，但依旧会凭借着优秀的内容输送，源源不断地吸引粉丝，即便这个过程非常缓慢。只要这名网红的粉丝数量能够呈现逐步增长的趋势，就证明他在不断创造、不断输出，不是昙花一现，这样的网红就具备培养的潜力。

8.1.3　内容竞争力

真正可以成为"爆品"的网红，最重要的一点，就在于内容竞争力。这个竞争力，与颜值无关——排行榜前列的不少网红，事实上并非是高颜值人士，甚至很多至今都没有露过脸——它所指的，就是才华。

我们可以轻松说出这些超级网红的才华：

> papi 酱能够轻松将社会热点进行编辑再加工，转化为自己的语言方式；
>
> 天才小熊猫的脑洞大开，可以创作出一个个让人拍案叫绝的长微博；
>
> 留几手的嬉笑怒骂几乎无人能及，堪称微博世界的一道风景；
>
> 同道大叔对于星座的把握非常精准，同时可以将其拟人化、动漫化；
>
> 张大奕能够借助自己的时尚感觉进行服装搭配，并拍摄出一张张让人过目不忘的美照；
>
> ……

每一个超级网红，都拥有一种专业的、旁人无法企及的技能。这个技能，才是他们赖以生存的竞争力；否则，他们必然会泯然于众人之间，很快便被人遗忘。

所以，具备"爆品"特征的网红，一定是才华横溢，可以创造出一个个让人拍案叫绝的互联网话题。无论是什么样的才华，专业、极致是核心，是创造内容的源泉，没有这一点，即便粉丝突破千万，也会很容易大量流失。尽管不少年轻女性通过视频直播 APP 获得了极高的人气，但是倘若依旧只停留在卖萌、撒娇、剪刀手的阶段，那么很抱歉，你将永远与"爆品大 IP"无缘！提升内涵，打造自己的核心竞争力，这才是跻身超级网红的资本！

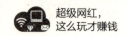
8.2
专业化的市场运作能力

打造超级网红，深挖网红的大 IP 价值，这不是盲目的尝试，而是有一套完整、科学的市场化运作能力。唯有专业，才能形成体系；唯有体系，才能让探索更加精准。

8.2.1　给网红带来全方位的包装

单打独斗时期的网红，尽管会注意自己的包装，但始终会有所缺漏，如社交平台的维护、社群的建设等，这都是一个人难以完全胜任的。所以，当与网红签约后，第一时间就是进行全方位的包装，配备相应团队进行升级改造。

首先，就是社交平台的建设。很多网红都会有自己的"后援团""专属工作室"等，事实上这些账号多数都由网红团队进行维护，为的就是进一步完善网红形象，同时可以及时回答一些网友的问题等。尤其是对于网红生活中小细节的挖掘，很容易塑造网红的另一面，引发网友互动。图 8-1 为 papi 酱资讯台的微博发布，它就能很好地从细节处维护 papi 酱的形象。

其次，团队需要对网红的社群建设进行有针对性的规划。QQ 群、贴吧、微信群等，网红团队必须指派专人进行维护和引导，尤其是 QQ 群平台。官方必须由专人管理负责，在群内发布各种公告，如网红本人的微博账号、网红下一次的活动时间、社群内发起哪些活动……掌握好社群运营的技巧，可以为网红增色不少，这是不可或缺的包装升级。

papi酱资讯台 🈺

8月29日 18:34 来自 papi小管家iPhone

papi的周一放送--一张全新冒着热气的自拍送给大家 🐱🐱

图 8-1　papi酱资讯台的微博发布

8.2.2　挖掘网红的深度：让形象更为精准

在没有进行团队化运作之前，网红的形象多数较为单薄，哪怕外形靓丽，却始终没有做出更深度的挖掘，通常仅仅只是以自拍为主，形象扁平化。而当进入团队化运作之后，就必须深挖网红的形象——这里所说的形象并非是外貌，而是全方位的个人展示——从而让形象更为饱满，让粉丝们看到更为眼前一亮。

正如张大奕，她的微博中，不仅只有个人自拍，还有不少团队专业摄影拍摄、视频小组拍摄的内容。这些内容，涵盖了日常生活、工作等诸多环节，因此对粉丝的吸引力更强，如图 8-2、图 8-3 所示。

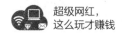

图 8-2　张大奕的个人自拍

图 8-3　张大奕的视频直播秀

不同角度的不同呈现，让张大弈的形象更为精准，也让粉丝们收获到了不同的"福利"。这就是团队化所带来的优势。所以，一旦形成团队模式，就必须挖掘网红身上的不同闪光点，尽可能展现出网红"千面色彩"！

8.2.3　推动国际化：让网红成为全世界的焦点

多方位展现、社群运营……做到这两点，网红的特点就可以被充分挖掘。但这还不够，想要形成大 IP，就必须将其推到更高的位置，实现国际化运作，让他成为全世界的关注焦点！

目前来说，我国的网红变现能力较为单一，多数都为广告代言，这是网红初级的发展模式。想要突破这一点，那么就必须进行国际化尝试，尽可能与顶级品牌合作，这样才能进一步提升知名度和变现能力。例如，诞生在中国香港的 VS MEDIA，就是典型的国际化网红运作公司，它与世界视频网站合作，将旗下网红直接推送给世界一线品牌，进行战略合作，这才是未来网红发展的方向。

所以，网红经济的发展，不仅需要网红自身不断提升内涵，同样需要网红经纪公司的业务探索。单纯的广告代言，只能让网红经济的发展越来越窄。积极吸引世界资本的进入，打通与全世界的互联网连接，让网红不仅可以出现在产品中，还可以出现在好莱坞的电影、米兰时装周、可口可乐的全球活动中，这时候网红的价值才能得到最大限度的挖掘，才能实现真正的"大 IP"！

8.3

战略规划：
变现途径的设定

签约网红，对网红进行包装，帮助网红建立社群……这一切的目的只有
一个：实现变现。无法变现，网红的价值就无法体现，所做的一切包装也等
于打了水漂。所以，在对网红进行培训之时，我们就应当进行战略规划，让
变现伴随着网红的每一步成长！

8.3.1　入门变现：打赏、刷虚拟币变现

当网红的知名度有限之时，变现的主要手段为打赏和直播间刷虚拟币。
微博、微信都可以开通打赏机制，一旦文章赢得高人气，那么就有机会得到
粉丝们的赞赏。图 8-4 为网红"不加 v"的微博打赏界面。

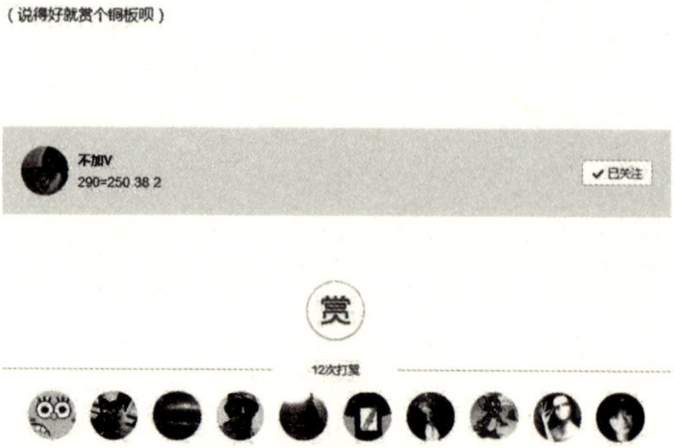

（说得好就赏个铜板呗）

不加V
290=250 38 2
✔ 已关注

赏

12次打赏

图 8-4　网红"不加 v"的微博打赏

自媒体网红、萌宠网红等主要活跃于微博、微信平台的网红，都可以借助这种打赏机制实现变现。文章有深度、有观点，图文结合，是这类文章的特质，话题击中粉丝们的内心，直击痛点，才能让粉丝愿意打赏。

相比较打赏，直播平台的刷礼物，则是更为快捷的变现模式。刷竹子、刷火箭、送鱼丸……每个平台都有自己的专属虚拟币，它们都是收入的代表物。所以，做出精彩的直播，高频次互动，展示自我才华，就很容易在直播平台获得不菲的收入。如斗鱼 TV，甚至有多名主播能够达到月收入 10W+。

不过，除了主打直播平台的网红，刷礼物始终只是初期的尝试，它并不是最纯粹的商业模式，而是个人魅力的展示。很多网红仅仅到了这一步就选择"安逸"，让后期更大的市场付之东流。想要成为顶级的网红，就不要过分依靠这种变现模式，而是应当将其当作一种尝试，然后进入更深层次的探索。

8.3.2　初级变现：社交平台的广告推广

当网红已经具备了一定知名度，在微博平台、微信平台的粉丝达到了 10 万级时，这时候进行广告推广成为了此阶段主要的变现模式。

广告推广的模式，主要在于转发品牌方的内容，然后留下购买链接。这种模式的变现价格较低，但是可以测试网红的人气度是否合格，倘若很少有人关注、转发，那么就意味着需要进一步提升人气；反之，则证明网红已经进入了一个全新的发展阶段。通过这种广告推广的变现，网红可以实现收入正比化，但这还远远不够。

8.3.3　高级变现：品牌代言的高效变现

相比较初级推广式的变现，高级变现的模式主要以品牌代言为主。品牌

代言相比推广，形式更为丰富，不仅包括社交平台的推送，还会有贴片广告、线下店面形象展示等。这种变现模式，会借助网红的不同角度展现品牌，尤其以网红的特质为媒介，让产品成为场景的一部分，因此形式更为巧妙和多样化。超级网红如 papi 酱，视频广告贴片的价格达到了 2000 万元之多，甚至超越了不少一线明星。

网红的品牌代言需要做很多工作，除了在社交平台进行传播，还需要走到线下为品牌站台，如品牌发布会、粉丝见面会等；而在视频直播、官方网站中，也都应当有相应的品牌信息出现。图 8-5 为回忆专用小马甲所代言的打印机产品，其场景设计就非常讲究。

图 8-5　回忆专用小马甲所代言的打印机产品

所以，当网红具备了品牌代言的实力之时，整个团队应当更加完善，经纪人、化妆师、造型师等一应俱全，满足品牌不同场景的不同需求。尤其是对于社交平台更为灵活的应用是必不可少的，小视频、美图精选等，尽可能全方位凸显出品牌的价值。

8.3.4　顶级变现：自有品牌的大流量变现

　　一旦成为互联网上关注度最高的网红，这个时候，除了代言之外，还有什么是可以实现变现的？毫无疑问，就是自有品牌！王思聪（见图8-6）、张大奕都是这方面的典型代表。依托自身巨大的影响力，吸引粉丝进入自己所创建的平台（熊猫 TV、淘宝店铺），这种变现显然是最具高端化与个人气质的！

图 8-6　王思聪的熊猫 TV 引流

　　能够做到这一步，就意味着已经成为了超级网红，可以说能否创建"自有品牌"，是衡量网红人气是否足够高重要标准之一。这种变现模式的自主权将更重，无论从产品的设计到销售渠道的建设，再到后期的推广，一切都将会围绕着网红自身展开。网红形成"核心化商业运营"，这种变现途径才是最具前途、最有潜力的！

8.4
内容运营：爆款内容
成就超级网红

想要打造如 papi 酱一样的超级网红，单纯的"眼球炒作"是行不通的。超级网红不仅意味着"十五分钟的明星"，更意味着一年、两年乃至更长时间的互联网明星。所以，唯有做好内容运营，不断用爆款内容刺激粉丝群体，引爆互联网热度，这才是成就超级网红的唯一之路。看看 papi 酱源源不断的视频内容，就能发现她的成功，就在于不断的内容爆款，引领了一次又一次的互联网热潮，如图 8-7 所示。

图 8-7　papi 酱丰富的视频资源内容

8.4.1 让内容更完整，更精彩

很多网红都具有一定的互联网思维，也能够创造出相应的内容，但是它的缺点也是显而易见的：不够完整和精致。也许会引起网友们一时的兴趣，却很难创造出更大更持久的爆点。这一点，尤其在段子手网红身上表现更为明显。简短的笑话的确引发了网友们的转发，但是它的深度不足，仅仅一天后便被人遗忘。

如何做出改变？唯一的方法，就是让内容更完整、更精彩。例如，"叫兽易小星"会汇集网络上的各种段子，然后进行深度加工，形成自己的视频化风格，结果每一期内容都能引发数百万的关注和评论，形成爆款内容。图8-8即为"叫兽易小星"制作的恶搞视频。

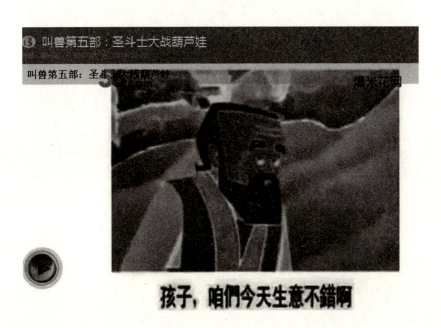

图 8-8 "叫兽易小星"制作的恶搞视频

有图有文有视频，这样的内容更丰富、更精彩，更符合移动互联网时代的"流媒体"精神，所以它自然能够形成爆款。想要成为超级网红，就必须

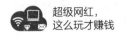
能够创作出这样的内容，让每个网友看过之后都过目不忘。当然，这种内容有时不仅只是网红一个人的功劳，还需要相关团队的配合。网红切勿单打独斗，而是要借助集体的力量形成自身的品牌文化，让内容运营成就超级网红！

8.4.2 信手拈来的"随机内容"

2016 年，哪个人，那句话成为了互联网的最热爆点？毫无疑问，就是在奥运会上一战成名的傅园慧，以及她那句信手拈来的"我已经用了洪荒之力"，如图 8-9 所示。

图 8-9 傅园慧成为网红

傅园慧的这段视频，不仅赢得了网友们的一片掌声，甚至赢得了中外媒体的一致称赞，很快成为了火爆全球的"红人视频。仅 8 月 8 日、9 日两天提到"洪荒之力"的微信文章就有 1.3 万篇，其中包括 121 篇 10w+ 爆文，相关视频，在腾讯视频、快报上 24 小时突破 3000 万次播放。而她的微博粉丝，更从过去的几万人瞬间突破千万级别。随后，傅园慧参加了一系列综艺节目的录制，进一步展现出了自己的网红风采。

　　傅园慧的走红完全是一场"意外"，丝毫没有网红团队的炒作。从这一事件中，我们可以看出：爆款内容的形成，有时候并非通过策划，而是侧重于随机内容。随机内容的特点就在于"意外惊喜"，也许是一句话，也许是一个表情，就能在不经意间点燃整个互联网。这种随机内容更真实，更有趣，所以相比完整策划的内容来说，更具互联网精神。

　　当然，类似"我已经用了洪荒之力"的金句，不是每个网红都能轻易说出的。所以，网红经纪公司在培养网红之时，就必须在这方面进行深度培训，练习反应能力，尤其是才华的提升。表面上的不经意，事实上正是长期才华积累的爆发，只有头脑灵活的人才能瞬间爆发。

　　而从傅园慧的身上，我们也看到了网红应当学习的角度：永远保持自己鲜明的特点。无论自己具有怎样的性格特征，都应该尽可能展现出自己的特质，这样所创造的随机内容才符合自身。这种鲜明的特点不一定仅仅局限于网络语言的运用，而是自己真正想要传达给粉丝的印象，当网红能够强化这种技巧，那么引爆互联网的金句就会源源不断诞生！

8.5
资本化运作:每个超级网红
背后都有资本运作

成为超级网红,是每一个网红的追求和目标。但我们只看到了 papi 酱一个人在视频头面前的插科打诨,却未曾想:这样的形象,事实上是由资本化运作所造就的。每个超级网红的背后,都有着大资本的身影,唯有积极引入资本化,网红的生命才能长寿!

8.5.1 网红大资本做什么

对于超级网红来说,大资本都需要做什么? 如图 8-10 所示,资本能为网红提供资金支持、团队支持、拓展变现模式、更加引领话题等好处。

大资本的作用,首先就体现在资金的支持上。有了资金的注入,网红不仅可以全方位提升内容传播的质量,图文、视频一应俱全,更可以发展自有品牌,让个人价值得到提升。

其次,大资本必然会带来成熟的团队,从新媒体操作到视频拍摄、推

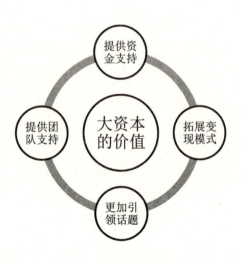

图 8-10 大资本带来的价值

广等，将会形成专业化的体系。

再者，大资本通常都是由各大投资机构组成，他们有着丰富的业界资源，可以轻松找到符合网红形象的品牌，让变现模式更为精准和丰富。就像叫兽易小星，早已摆脱"草根网红"的形象，成为了知名互联网导演和影视公司负责人。

最后，则是有了大资本的推动，媒体、网友将会更加关注网红。网红将会成为全新的"新闻源"，更加引领话题。

可以说，大资本的出现，让网红的变现渠道得到了全方位的提升，尤其是团队的辅助，让网红得以获得更多资源，使自身形象更为饱满。就像 papi 酱的视频短片，就会有团队成员提供建议和热点，让 papi 酱能够更及时抓住互联网热点。而资本机构的运作，也有助于她的品牌价值形成，进而形成规范的产业化。

8.5.2 如何找到属于自己的大资本

与大资本机构联姻，形成更好的运作模式，这会给网红插上腾飞的翅膀。那么，网红又该如何找到属于自己的大资本呢？

首先，网红必须将自己的特色进一步放大，就像 papi 酱、叫兽易小星、同道大叔，他们都是在自己的领域做到了极致，主动吸引到了大资本机构的关注。内容为王，个性为王，特色为王，只有将自己的形象进行极致化运作，才能在某个领域吸引到所有网友的关注，更吸引到投资机构的注意。

其次，则是必须把握机会，主动展现自己。随着网红经纪公司的不断出现，各类网红大赛也如雨后春笋般地举办，这些活动多数都有大资本机构的身影，所以我们必须自信一点，在这样的大赛上展示出自己的风采。一旦成功夺冠，那么就意味着有可能受到大资本的青睐，也许下一个 papi 酱就是你！

Part 9

网红实战：五大网红的
掘金之路

张大奕、papi 酱、同道大叔……这些都是我们耳
熟能详的网红，并在自己的领域创造出了让人惊叹的
人气和财富。那么，他们是如何走上网红之路，如何
成为超级网红的？走进这些超级网红，看看他们的掘
金之路，同样也会给我们带来无尽的启发！

9.1
张大奕的网红之路

张大奕，网红，模特出身，深谙时尚之道，在社交平台上具有极高的人气，淘宝店铺为全网明星店铺，月销售额达到百万级。2016年3月8日，在2015年中国网红排行榜中排名第9名。

●从模特到网红，用心经营粉丝

张大奕的履历几乎很多人都熟悉，《瑞丽》杂志平面模特，在转型成为网红之前，已经积累了很高的人气。不过，对于过去的经历，张大奕却有另外一种看法："杂志的经历对增粉并未提供至关重要的推力，纸媒和互联网的群体特征存在差别！"

而热衷于互联网的她，很早就看到了互联网经济的大势所趋，于是积极投身互联网，并成为我国第一代最热衷于视频介绍产品的网红。早在秒拍、美拍尚未诞生之时，2014年11月，她就用微单拍摄了第一支5分钟的小视频。这个视频的内容，是为了解答粉丝的疑问，她要用真实的画面让粉丝们看到：自己的围巾定价之所以颇高，是因为精益求精的缘故。

从这件事上，我们不仅看到了张大奕对于新媒体的应用，更看到了她对于粉丝的态度——决不能糊弄，用心经营这份事业。

所以，当"网红文化"这个词尚未形成，网红模式还没有成为体系化之时，张大奕早已开始了自己的探索。这段视频，最终达到了3.6万的播放量，

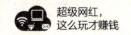
围巾开售后被一抢而光。为了让粉丝们更加信服，她还用组图的模式，将手工围巾的生产过程全部拍摄，结果一下子轰动了互联网。

就这样，张大奕走上了自己的网红之路。尽管人气越来越高，但张大奕却始终很清醒。她说过："我和粉丝们是平等的。"

可以说，张大奕是最热衷于粉丝互动的，也最愿意给粉丝们带来各种福利。打开张大奕的微博，可以看到各种有奖转发内容，很多产品张大奕都以赠送的形式反馈给粉丝们。在她看来，和粉丝处在平等的对话场景里，不仰视也不俯视，这才是真正的互动关系。

有一件事，最能体现张大奕与粉丝之间的关系。有一次，一名即将离婚的女孩在微博留言，希望自己可以"美美地离婚"，但她看中的一款衣服还没有正式发售。张大奕看到了留言，于是打破规则，直接联系这名粉丝，让她提前拿到了衣服。在张大奕看来，满足一个女孩对于人生的追求，要远比一件衣服的价值更让自己满足。

正是这种态度，让张大奕的粉丝，从简单的信任，发展到了深度信任，生活中的欢乐和忧伤都愿和她分享。张大奕越来越意识到，自己是一名公众人物，必须给粉丝带来积极的影响。所以在回复粉丝的留言时，她也会激励粉丝，给粉丝积极中肯的建设，因此张大奕也成为了粉丝们的"知心姐姐"。

●让产品成为工艺品

粉丝，是张大奕事业起步的核心；而产品，则成为了吸引粉丝的关键内容。张大奕的成功，与其精益求精的产品定位有着直接关系。她对于网红事业的专注和认真，是同类型很多网红所不能比拟的。

张大奕曾经说过："有人觉得做服装店是二手倒卖，批发之后零售，是中介。但我们性质不同，是从一块布，一根线开始，变成一件衣服。"每一款新品的开发总要提前 6～9 个月，在款式、面料、裁剪各方面斟酌。在张大奕眼中，这些直接决定了自己的职业荣誉，代表着自己的个人形象，所以她对生产流程斤斤计较。

"时间长了，还是走稳线，走质量。不管粉丝多喜欢你，伤害到粉丝的金钱利益，她们就不会喜欢你了。"这就是张大奕的态度。

与其他网红总是选择代工方式生产不同，张大奕的服装全部由自己的采购团队、设计团队和工人完成。张大奕透露，公司只雇佣工龄10年以上的工人，以此保证做工的质量。面料上，量化的优势可以让供应商在面料的质量上进行自我审查。上下游同时把控，从而将出错率降到最低。这就是为什么，张大奕的淘宝店生意非常好，一方面在于她的个人号召力；另一方面，则在于品质的保证。因此，张大奕的"吾欢喜的衣橱"能有傲人的将近100%的回购率。

●粉丝们的大福利：直播大优惠！

已经成为一线网红的张大奕，依旧保持着自己的特色，和粉丝们进行非常频繁的互动。因此，2016年6月，当张大奕的"淘宝直播秀"开播时，观看人数达到41.3万，点赞破百万，店铺上新成交约2000万，客单价逼近400元，刷新淘宝直播的销量记录。

为什么身为网红的张大奕可以取得这样的成绩？

为了让直播充满更多的趣味感，张大奕的团队在直播开始前，已经不断策划相应的内容。例如，在4个小时的直播过程中，无数网友都在刷屏"优惠券到底发了没？""没有抢到再发一波？"可以说，能否得到福利，是很多网友的关注焦点。

为此，张大奕团队非常用心，几乎满足了所有粉丝的心愿。在过去，张大奕很少做促销活动，但为了这次直播，原本只发放在微博抽奖的大面额少量优惠券，被更改为小面额多量，不同面额可重复领取，且多渠道发送。同时，更多优惠券将在直播过程中不定时发送，粉丝只需在观看直播的过程中点击领取便可使用。

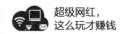
一下子，所有粉丝们都离不开直播屏幕了。因为，他们不知道福利到底何时派发。如此高的吸引力，自然让越来越多的粉丝不断涌入。

更让粉丝们兴奋的是，在直播过程中，张大奕还给粉丝们送上了一个大彩蛋：就在张大奕带着粉丝参观完公司后，她突然临时起意，要和粉丝电话连线。电话接通后，她都会问"你知道我是谁吗"，追问完细节后还不忘感谢对方的支持。

接到电话的粉丝，无不表示出非常激动的心情，这个小插曲，给那些等待优惠券的粉丝们带来了全新的话题，因此弹幕无数求"打电话，"让直播的气氛又热闹起来。这次全新的"微博营销，淘宝直播，互动成交"模式，已经在张大奕本次直播中展现了威力。

张大奕带来的思考：

无论网红的身价有多高，粉丝始终是自己赖以生存的基础。所以，想要跻身一线网红，并形成丰富的变现模式，那么就必须从粉丝的角度出发，考虑粉丝到底喜欢什么。能够满足粉丝真正的需要，这是网红发展的最基础原则。

9.2
宠物网红：
回忆专用小马甲

说到我国互联网的明星宠物，必然绕不开萨摩耶"妞妞"和折耳猫"端午"。而作为他们的主人"回忆专用小马甲"，也成为了超级网红。分享与宠物的点点滴滴，用小感动打动网友，这是回忆专用小马甲的情感杀手锏，并形成了独有的宠物类网红风潮。

●拟人化情感：让宠物变得更可爱

看到图9-1，我们一定会想到回忆专用小马甲。在网红流行的时代，在一个渴望露脸的时代，回忆专用小马甲却主打"藏脸模式"，始终不愿意以真身出现，而是选择他的宠物妞妞和端午作为主角，出现在网友们的面前。

但是，与传统宠物类账号相比，回忆专用小马甲却又有着本质的不同——故事化、情感化、拟人化。两只小宠物不再只是单纯的小动物，而是成为了生活的一对"好基友"，一下子给网友们带来了与众不同的情感体验。

可以看到，回忆专用小马甲的微博，不是单纯的宠物展示，而是用宠物的视角来解读世界，尽管这份解读是回忆专用小马甲的"脑洞大开"。这份"脑洞大开"，让宠物以人的角度呈现情感，因此更幽默、有趣，会一下子击中那些爱宠物网友的心，所以他的粉丝数量迅速激增。

图 9-1　回忆专用小马甲的宠物

而随着在微博的不断火热，回忆专用小马甲还给宠物开通了微信公号，用妞妞、端午的口吻，来撰写相关文章。这种模式，在过去的宠物领域中是前所未有的，因此回忆专用小马甲的成功自然水到渠成。可爱，拟人化，情感植入，打响了回忆专用小马甲走红的第一枪。

● 转型，多元化发展的宠物网红

随着回忆专用小马甲的人气越来越高，他也开始进行逐渐转型，毕竟宠物的视角依然太过单一，不能更加展现出自己的特质，变现渠道过于狭窄。所以，回忆专用小马甲的全新名字"马建国"就此诞生。

转型，并不意味着忘记过去。新的回忆专用小马甲，依然保持着"用情感观察世界"的特点，所以，过去的粉丝没有流失，新的粉丝又源源不断地加入。

美食、旅行日记、社会热点……回忆专用小马甲的微博中，呈现出了一个五彩斑斓的世界。甚至，他还出版了自己的图书，"吸粉"能力进一步提升。但始终不变的，是他热衷于分享、情感、幽默的态度。而随着网红经济越来越被关注，他也成为了不少品牌的最佳代言人，借助情感化的营销模式，他成功得以变现，摆脱了初期仅仅只是转发变现的模式。

回忆专用小马甲带来的思考：

互联网世界有很多关注点，如何找到最适合自己的领域，并做到足够个性，这是成功的第一步。很显然，回忆专用小马甲从宠物这一热门领域入手，又创造出了截然不同的场景，这是他的独特之处；而随后进入转型期，但没有将自己的特质所抛弃，而是将其发扬光大，这样吸引的粉丝就突破爱宠物人士的范畴。"精准化＋个性化＋情感延续化"，是回忆专用小马甲得以跻身超级网红的关键所在。

9.3
动漫网红：old 先

old 先，漫画界最受瞩目的人气漫画家，凭借着精美的动漫作品，赢得了粉丝们的一致喜爱，微博粉丝达到了 400 万，是漫画界人气最高的网红。

●用专业打动粉丝

网红时代，多数网红都是草根身份出场，借助互联网结构主义的态度，或是幽默，或是悲伤，或是情怀，用一种看似略显粗糙的方式来吸引粉丝，就像 papi 酱的视频，并非专业级别拍摄和剪辑。所以，不少人对网红留下了这样的印象：专业度不高，但娱乐精神丰富。

然而，old 先的出现，却打破了这个认知。如图 9-2 所示，看看 old 先的内容就会发现：非常专业的漫画水准，接近电影一般的分镜头和剧本设置，这是绝大多数网友都没有的专业技能。

这样的作品，很显然不是漫画爱好者所能达到的水准，专业的技巧跃然于纸上。而这，恰恰正是 old 先的与众不同之处——职业漫画家多数不愿意在社交平台分享作品，总是用一种高高在上的气质面对网友；漫画爱好者的作品尽管也能赢得一定关注，但因为水准不高的缘故，很难形成更高的人气。

图 9-2　old 先所创作的漫画

所以，old 先恰恰找到了这个平衡点，一举成为了漫画网红的代表人物。

当然，仅有专业的技巧，不可能成为超级网红。old 先的另一个策略，则是系列化。old 先的 #19# 系列漫画，几乎每周都会更新，每次一个小故事，结合社会热点和个人情感，直接形成了品牌效应。几乎所有关注 old 先的网友，无一例外不是被 #19# 系列漫画所打动，如图 9-3 所示。

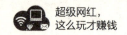

图 9-3　old 先的 #19# 系列漫画

"专业化 + 系列化"，让 old 先不仅展现出了自己的漫画技能，更打造出了自己的一套内容品牌，这一点与罗振宇非常相像——个人的优质 + 高端系列内容推送，所以这样的人必然能够成为网红。

●精准变现，主打核心粉丝

与其他网红相比，old 先的变现模式显得更为特立独行：几乎从不接任何品牌代言，社交平台也没有相关商业推送。他的变现模式，就在于精准——围绕漫画本身不断进行延伸。

2014 年，old 先首部个人画集《old 先》正式上市，如图 9-4 所示，精选超过 80 张绝美插图，绮丽时髦的画风，让你不忍释卷。它包含以下图集：

　　①精选收录商业插画系列；

　　②完整收录充满个人强烈风格与时尚感的 homme 系列；

　　③风格凌驾色彩的灰色少年系列全部收录。

图 9-4　old 先推出的个人同名书籍

除此之外，他还联合了其他网红漫画家，推出过各种合集，无一例外都取得了很好的销量。这些书几乎占据了同类型榜单的前几位，并且持续时间达到了数年，这是其他网红推出的图书作品所完全不能比拟的。

old 的变现渠道，几乎完全围绕着自己的专业，漫画是他的立足根基，也是他的变现途径。表面上看，这种变现模式似乎太过狭窄，但事实上，old 先所创造的变现能力并不亚于其他网红。因为，这种精准化的变现，创造出了最为"死忠"的粉丝，无论 old 先推出怎样的产品，他们都欣然接受，具有极高的黏合度。

所以，old 的影响力也许相比较 papi 酱、同道大叔等人有一定欠缺，但是他的社群经营却是最为精准和完善的。微博粉丝会、QQ 粉丝会、贴吧小

组……围绕着 old 先的是一批最为忠心耿耿的粉丝。在细分领域做到了足够精彩和优秀，那么，他的变现能力同样不容小觑！

old 先带来的思考：

没有金刚钻不揽瓷器活，这个观点在网红领域同样适用，尤其是对主打精准细分领域的网红来说，正如同道大叔，同样是星座漫画领域的第一达人。而 old 先的不同之处，更在于能够让故事系列化，紧扣潮流热点，让自己的专业技能得以以互联网方式展示。同时，old 先的精准运营，保障了自己的形象始终处于统一，不会产生过大的波动，从而建立最稳定的粉丝社群。所以，对于多数网红来说，不要总是奢望能够吸引所有网友的关注，先找到自己的"死忠粉丝团"，建立完善的社群体系，这才是打造人气的关键一步！

9.4
"papi 酱" 引发的争议

papi 酱，1987 年 2 月 17 日出生于上海，毕业于中央戏剧学院导演系。2015 年 10 月，papi 酱开始在网上上传原创短视频。2016 年 3 月，papi 酱获得真格基金、罗辑思维、光源资本和星图资本共计 1200 万元人民币融资，估值 1.2 亿元人民币左右。2016 年 7 月 11 日，papi 酱在斗鱼、百度、优酷等 8 个平台同时首次直播，8 个平台同时在线峰值达 2000 万，截至 7 月 12 日上午 8 点，累计有 7435.1 万人次观看，获得了 1.13 亿个赞。

● papi 酱的起步：变音原创视频

提及网红，我们就不可能绕开 papi 酱。这个年龄不大的女孩子，几乎一人将"网红"的概念推至顶点，并创造出了全新的商业价值与模式。因此，尽管在 papi 酱之前，有很多网红都已诞生，但是直到 papi 酱的横空出世，"网红经济"才初见端倪，得到了网友、互联网观察家的广泛关注。

通过 papi 酱的履历，我们可以看到：她毕业于知名院校，学的是导演专业，是一名不折不扣的"文艺女青年"。那么，是什么缘由，让她走上了"谐星"的网红之路？

其实，papi 酱很早就已经开始在互联网运营自己。早在 2013 年，她在天涯社区上开了一个名为"papi 的搭配志"的帖子，上传了自己不少日常

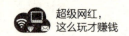
衣服搭配的照片，评论大多赞扬她"是个美女""很漂亮"。不过，此时的papi酱带有很强烈的文艺女青年气质，受众群非常狭小，因此并没有走红的迹象。

两年后，papi酱和自己的同学注册了一个名叫"TCgirls爱吐槽"的微博ID，并开始不断发布各种浮夸、好玩的小视频。此时的papi酱，已经逐渐抛开美女的包袱。

很快，同学因为各种原因，渐渐放弃了微博，为此papi酱开始正式自己的"网红之路"。papi酱的试水，就是依靠自己编辑的视频素材，以变声形式发布原创的视频内容。她的语言混搭系列十分出彩，"上海话＋英语"系列短视频中，她饰演一个在电话中劝闺蜜与渣男友分手的女性，连珠炮似的把上海话、英语、日语流畅地融合在一起："侬到底有没有understand现在这个situation是什么样啊？"

尽管papi酱并非演员，但身在中央戏剧学院，她耳濡目染拥有了很好的演技，因此与其他同类型的网红相比，她的表演显然更专业，也更夸张，更具戏剧性。因此，papi酱很快便吸引到了自己的第一批粉丝。除了语言系列，她还有很多戳中年轻人笑点的吐槽视频："如何跟讨厌的亲戚过春节""为什么有些人一谈恋爱就讨人厌"……这一类视频让不少网友高呼"说出了我的心声"！

papi酱的成功，一方面源于自己的专业：导演出身的她，会更好地了解怎样的视频更能吸引到网友的关注；另一方面，则在于她对互联网精髓的巧妙应用。爱吐槽、夸张化，这都是互联网的精神核心，所以当"专业背景＋互联网基因"联姻之后，papi酱不成功都难。

●轻松背后的不轻松

papi酱的成功，让一大批年轻人投入于"吐槽视频秀"的阵营之中，可惜能给人留下深刻印象的并不多。为什么看似简单的视频秀，多数人做起来却都差强人意？这是因为，很多人并没有看到，papi 酱在诙谐视频背后所付出的努力。

papi 酱的视频制作，远不是一部手机这么简单：短短的几分钟视频需要花费好几天的时间来拍摄、剪辑；对视频的节奏需要精准的把握，才能够呈现成品中的爆笑效果。因此，papi 酱每个视频中的自我介绍"我是 papi 酱，一个集美貌与才华于一身的女子"，可不是一句大话。所以，papi 酱的发布频率并不是那么高，每一期的背后，她都必须付出很多艰辛。

更困难的，则在于创作。尽管互联网上的段子非常多，但是如果仅仅"拿来即用"，那么即便再有意思，也是"别人嚼过的馍"，很快就会让粉丝们看到乏味。因此，创作是 papi 酱吸引粉丝的"杀手锏"。可以说，表面上 papi 酱是一名谐星，依靠幽默视频来面对粉丝，但实际上她是一名创作者，依靠才华在网红界打拼。

很少有人知道的是：在成名之前，与其他团队化运作的网红相比，在创作领域，papi 酱完全一个人来打理。papi 酱在接受腾讯娱乐专访的时候澄清："我没有推手，幕后没有，幕前没有。视频的取材完全基于自己的生活，写段子的速度则要看自己的拖延症程度了。"可见 papi 酱承受着多大的创作压力。

●成名后带来的争议

尽管如今 papi 酱已经成为国内最顶级的网红，赚得盆满钵满，但对于她的争议，一直都没有停止。2016 年 4 月，papi 酱遭到广电总局"封杀"，有视频平台收到广电总局通知，要求将《papi 酱》系列作品下线，原因为"以直接、暗示、辱语等方式表述粗口、侮辱性语言内容较多"。

一时间，不看好"网红经济"的人纷纷跳出来，指责 papi 酱的内容低下，根本不适合传播。对于此，papi 酱没有做过多的解释，而是按照国家的要求调整作品风格，剔除了不适宜传播的内容。但因为此，她也遭到了铁杆粉丝

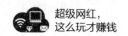
的批评："转型后的 papi 酱不好玩了，已经不再是过去那个'集美貌与才华于一身的心灵鸡汤教主'了，让人很失望！"

不过即便如此，投资机构还是非常支持 papi 酱。罗辑思维和真格基金分别表示将会继续支持 papi 酱，还为他召开了"中国新媒体的第一次广告拍卖会"，拍卖 papi 酱视频贴片广告。而这两家机构的负责人同样来头不小：徐小平与罗振宇。徐小平更是斩钉截铁地表示："papi 酱是这个时代最伟大的网红，就像轻松版的鲁迅。papi 酱是我们这个时代最伟大的网红，投到 papi 酱的人也是投资界最伟大的网红！"

直到今天，papi 酱的争议依然存在，但越来越多的人，已经开始理解并喜欢上这个小姑娘。其实，任何一种新经济模式的出现，都存在着这样的博弈：有人叫好，有人唱衰。但是，如果能把握正确的大方向，然后不断调整细节，做到符合相关部门的要求，并严于律己，那么新的经济模式，必然会笑到最后。

papi 酱带来的思考：

专业的态度，才能呈现专业的作品；专业的技能，才能带来让人惊叹的内容。papi 酱的成功，给所有网红上了非常重要的一课：姿色再美，抵不过才华；才华再高，同样需要努力。想要成为顶级的网红，那么就不能轻视这个名词，而是应当像对待职业一般心存敬意，这样才能一步一个脚印地前进。当你做到足够优秀之时，那么商业价值就会自然凸显！

9.5
同道大叔：爱吐槽的
星座段子手

同道大叔，2013 年毕业于清华美院，从 2014 年 7 月开始在微博发布一系列星座吐槽漫画而走红。至今，各平台粉丝总计超过 3000 万人，每天超过 300 万人次访问其微博微信主页，每天超过 30 万人转发其内容，是整个互联网最具现象级的文化类博主之一。

●找准定位，才能找准方向

说到同道大叔，首先想到的，就是他的星座吐槽漫画。在整个互联网中，没有一个人如同道大叔一般，既具备高超的漫画技巧，又始终如一地关注一个细节点。

如今的同道大叔，早已成为超级网红。但事实上，同道大叔能够走到今天，其中走了很多弯路。

同道大叔与 old 先有一定相像之处：都是科班出身，具有扎实的美术漫画功底。所以，当 2013 年同道大叔刚进入微博时，他主打的是给网友画像。但这种模式已经有很多人尝试，因此他始终没有得到更多的关注。随后，他开始转型"恶搞海报"，尽管凭借着电影"小时代"的浪潮，得到了一定的关注，但很快却又陷入落寞。

这个阶段的同道大叔，几乎处于不断的调整之中，但几乎一直都与"人气无缘"。首先，微博热点不是天天有，因此他的更新变得非常慢，很容易

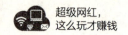
就被粉丝淡忘；同时，越来越多的人加入到了恶搞的行列，尤其是一大批视频恶搞达人的出现，单纯漫画恶搞人气逐渐降低。所以这时候同道大叔开始创作系列漫画，揣测互联网用户心理，画出各种搞笑漫画。有的时候，有的内容可以转发上万次，但有的时候，转发量仅仅为尴尬的个位数。

更可怕的是，因为不断调整自己的定位，原本积累的一些粉丝开始流失。

●星座定位：同道大叔的成功破茧！

直到2014年，同道大叔在一月份发布的一条关于十二星座失眠的微博，在发布之后突然引发无数关注。当天晚上，这条微博的转发量就达到了4万多，创造了同道大叔的微博奇迹！而随后几天，随着不断有段子手的转发，这条微博迅速突破数十万大关，一举登上了微博热门榜！

这条微博，标志着同道大叔终于开始跻身网红的行列。为什么这条微博会得到如此高的赞誉？同道大叔潜下心来，开始研究其中的奥妙。当他意识到，这样的漫画既满足了现代人对于星座的娱乐精神，同时也关注到了"失眠"这一都市年轻人经常出现的问题，他才明白：只有独创性的内容，结合现实生活的娱乐，才能真正打动人心！

顿时，同道大叔找到了自己的定位。当年九月，"吐槽星座系列"正式上线。从这一天开始，同道大叔定期更新微博，用幽默诙谐的文字及配图，以吐槽十二星座在恋爱中的不同缺点为主，吸引了大量"星座控"网友，让大家在看后纷纷对号入座，直呼"一针见血"。大叔从不同角度写星座，深刻揣测用户心理，每一个人都可以找到自己的星座，所以每篇博文一旦发布即引起大量转发。

精准的定位，让同道大叔找到了成为网红的"命门"，从这以后，他的微博就成为了"星座大号专业户"，他把自己与星座牢牢关联在了一起。为此，他还不断学习星座的知识，然后用漫画的方式进行表达。仅仅一年后，他的微博粉丝达到了500万，同期开放的微信公众平台，每期阅读量也都达到了

10万之多。

●丰富的变现手段

与另一位靠漫画起家的网红 old 先相似的是，同道大叔的第一次变现，同样依靠着图书出版。毕竟，微博已经有了这么多的作品，这本身就是值得阅读的内容。

早在 2015 年，《千万不要认识摩羯》就已经正式上市，这是同道大叔出版的第一部漫画书，也是《大叔吐槽星座》系列漫画的第一本。而 2016 年的这一本，依旧延续了同道大叔的特点，以狮子座为角度，完整收录《恋爱篇》《朋友篇》《同事篇》以及狮子座与 11 个小伙伴的《互动篇》，全方位解答了狮子座都市男女的恋爱、生活与工作。

但与 old 先不同的是，同道大叔的商业变现形式显然更为丰富，除了图书，周边产品、线下活动、视频节目等，都能看到他的身影。

甚至，根据同道大叔本人 IP 价值开发的线下大型嘉年华活动，也在 2016 年开始正式上线。

2016 年 7 月，同道大叔首款大型线下主题活动——潮爆星座嘉年华正式开幕，并在全国 10 个城市巡展。图 9-5 是其巡展海报。这个嘉年华，将会设有"星座源生态""星座喜乐街""星座恶人谷""星座好奇屋"和"粉丝福利社"五大展区，同时同道大叔十二星座人偶音乐剧也将上演。

可以看到，同道大叔对于"大 IP"的打造非常全面，形成了自己的品牌化效应，这是目前连 papi 酱都未曾企及的。所以，同道大叔的影响力将会进一步拓展，成为中国网红的新一代风向标。

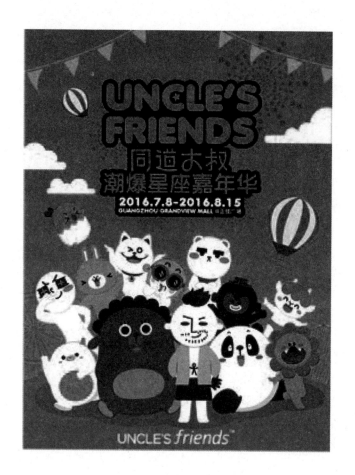

图 9-5　同道大叔的线下嘉年华大型活动

同道大叔带来的思考:

同道大叔的走红,在于有趣的创意,星座+漫画的组合,并且配合系列化的故事场景,这种模式是很多漫画达人都不曾做到的。所以,找准自己的定位,才能插上起飞的翅膀。同道大叔初级的迷茫,就在于没有找准自己的定位。与此同时,内容的创意性和延续性,也是必不可少的环节。做到三位一体,那么就有可能实现超高的商业价值!

附：本书联合发起人名单

1. 肖森舟

微信：sz8398；别名：电商陈奕迅、双表哥。2015 年中国微商十大领袖之一，马云三次接见，微商落地内训第一人。《微信营销 108 招》畅销书作者。

2. 刘红利

微信：18664651468，拥有 16 年化妆品 OEM 加工、品牌策划经验，为客户提供品牌高端定制服务，覆盖日化、药妆、电商、微商等领域。

3. 王亚茹

微信：coco_wangyaru0607，曾任魔娅国际董事长、新闻主播、新浪主持人，现任上海乔慕电子商务有限公司董事长，山西电子商务商会副秘书长。

4. 李斌

微信：LB15905792188，玖美国际 8090 董事长，品牌创始人，高级品牌规划设计师，8090 公益爱心施善家。

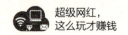
5. 郑谭飞

微信：hello2queen，她语品牌创始人、她他生物科技公司董事长，女王联盟创始人，中国微商女性灵魂品牌驱动者、万人团队灵魂性领军人。

6. 李姝琦

微信：shuqi890206，她～琦迹团队创始人，三个月拥有百人团队！

7. 张颖华

微信：18006555550，樱花网红商学院院长，樱花国际创始人，微商营销心理学高级讲师，微赢集团、晴天国际联合发起人。

8. 魏克杰

微信：18680519997，尚医集团董事长，慈善工作者，膜颜品牌创始人，80后草根企业家，广东省美容化妆协会全国工商联微商委员会荣誉主席。

9. 余柏刚

微信：171734992，香港城市青年商会会员，中国香港卡迪尔微商营运部执行董事，信域贸易（深圳）有限公司CEO及魔力坊微商明星天团创始人。

10. 橘子

微信：5522681，环内营销发起人、连环通商学院创始人，包装网红经验、微商产品策划。

11. 王俊乃

微信：wangjunnai，中国旗袍会秘书长。

12. 尹鹏瑞

微信：RGZ-01，傲华芸联合发起人，天地人和创业联盟创始人，兄弟联合发展集团 CEO。

13. 郑林刚

微信：zhenghaopinpai。企业管理咨询公司——郑郝咨询创始人、中国策划家协会会员，众筹策划师，先后帮助数十家企业众筹超数亿元。

14. 本尊

微信：18302010701，微商元老，商萌国际十万人团队创始人，精通团队运营和培训，创造单天流水 2000 万神话！

15. 米粒

微信：18561522060，傲澜集团 B365 执行董事，米粒国际团队创始人，微谷教育万人迷销售 PK 大赛冠军。

16. 果儿

微信：nanadance100，B365 酵素全国一级代理、国家级营养专家、米粒国际合伙人、米粒国际金牌讲师。

17. 整形医生 cici

微信：cici166，维格国际医疗集团董事长、国际注册认证协会整形分会副会长，童颜混血风定制整形创始人，明星特约整形医生。

18. 许会山

微信：xhs18138262999，创办完美森林、瑞隆生物科技、思依宣智能机器人等企业；带领 10 万人实战军团整合各大平台。

19. 程馨慧

微信：Lydia15526857777，90 后海归微商，四年创立自己的品牌，拥有大量高端客户资源。

20. 孙飞

微信：13926274133，十大微商风云人物，三家微商品牌操盘手，网红微商学院院长，鲜肉 APP 联合创始人，与淘宝直播官方密切合作。

21. 杨赵进

微信：87619359)，《微商之道》《微商实战秘术》作者，微商团队落地辅导第一人，多家知名微商品牌顾问，被媒体评为"90 后励志微商人物"。